Francisco de Rojas Zorrilla

Progne y Filomena

Barcelona **2024**
Linkgua-ediciones.com

Créditos

Título original: Progne y Filomena.

e-mail: info@linkgua.com

Diseño de cubierta: Michel Mallard.

ISBN tapa dura: 978-84-9953-629-3.
ISBN rústica: 978-84-9816-236-3.
ISBN ebook: 978-84-9897-781-3.

Sumario

Brevísima presentación

La vida

Francisco de Rojas Zorrilla (Toledo, 1607-Madrid, 1648). España.

Hijo de un militar toledano de origen judío, nació el 4 de octubre de 1607. Estudió en Salamanca y luego se trasladó a Madrid, donde vivió el resto de su vida. Fue uno de los poetas más encumbrados de la corte de Felipe IV. Y en 1645 obtuvo, por intervención del rey, el hábito de Santiago.

Empezó a escribir en 1632, junto a Pérez Montalbán y Calderón de la Barca, la tragedia El monstruo de la fortuna. Más tarde colaboró también con Vélez de Guevara, Mira de Amescua y otros autores.

Felipe IV protegió a Rojas y pronto las comedias de éste fueron a palacio; su sátira contra sus colegas fue tan dura al parecer que alguno de los ofendidos o algún matón a sueldo le dio varias cuchilladas que casi lo matan. En 1640, y para el estreno de un nuevo teatro construido con todo lujo, compuso por encargo la comedia *Los bandos de Verona*. El monarca, satisfecho con el dramaturgo, se empeñó en concederle el hábito de Santiago: las primeras informaciones no probaron ni su hidalguía ni su limpieza de sangre, antes bien, la empañaron; pero una segunda investigación que tuvo por escribano a Quevedo, mereció el placer y fue confirmado en el hábito (1643). En 1644, desolado el monarca por la muerte de su esposa Isabel de Borbón y poco más tarde por la de su hijo, ordenó clausurar los teatros, que no se abrirían ya en vida de Rojas Zorrilla, muerto en Madrid el 23 de enero de 1648.

Personajes

Progne
Filomena
Pandrón, su padre
Rey Tereo
Hipólito
Libia, criada
Juanete, lacayo primero
Chilindrón, lacayo segundo
Aurelio, viejo, gobernador de Tracia

Jornada primera

(Sale Filomena llorando y Hipólito.)

Hipólito

Deja el llanto, Filomena,
que si es alivio, es rigor
que por templar un dolor
me causes a mi una pena.
Los ojos tuyos serena,
no los quiera tu piedad
aplaudir con vanidad
de cielos en tus desvelos,
que para ver que son cielos
les sobra la tempestad.
No bien destilado exhales
aljófar de más valor:
si el llanto es señal de amor,
no derrames las señales;
comunícame tus males,
sea el dolor repartido,
al paso que fue sentido;
y si con fuego veloz
hiere tu pena a mi voz,
hiera tu voz a mi oído.
Cuando a los ojos prefieres
tanto dolor reprimido,
¿Lloras porque me has querido
o lloras porque me quieres?
que es condición de mujeres
no ser constantes infiero,
yo, pues que a tus rayos muero,
una pregunto y mil veces,
¿Lloras porque me aborreces,
o por qué?

Filomena — Porque te quiero;
¿Cómo, di, puedes dudar
lo que en mi llegas a ver?
¿Quién llora de aborrecer,
y quién no llora de amar?
tu sospecha he de culpar,
y que propongas me espanto
tanta duda, dolor tanto
en quien llora y quien suspira;
porque el oído arguye ira,
y el amor supone llanto.

Hipólito — Aunque creerte es preciso,
por lo que arguyendo estás,
suele aborrecerse mas
aquello que antes se quiso;
sirva de ejemplo o de aviso
lo contrario, pues he hallado
del amar disciplinado,
que suele ser más querido
aquel que antes fue admitido
que aquel que solo fue amado.

Filomena — No creas tan grave error,
que no se aposenta, siento,
bien el aborrecimiento
a donde vivió el amor.
Si aún es la ceniza actor,
si aquel fuego es inmortal,
no admitas ejemplo tal
a una llama repetida,
porque es amor una herida
que siempre deja señal.

Hipólito

Filomena, envía ahora
con equívoco arrebol,
supuesto que tú eres Sol,
el llanto para la aurora;
dime, ¿qué tienes, Señora?

Filomena

No entenderás mis enojos,
que son en estos despojos
tan honestos mis agravios
que al decirlos por los labios
se han de salir por los ojos.

Hipólito

Ciego es mi amor, mas no tanto
que se pasase a ser rudo;
yo las entiendo, aunque es mudo,
las señas que hace tu llanto;
habla, explícame este encanto.

Filomena

Allá voy con mi tormento.

Hipólito

No en llamas salga violento,
que se huirá por ser veloz.

Filomena

No me atiendas a la voz,
atiéndeme al sentimiento.
De aquel infelice día,
(ya presumo que te acuerdas,
si no es que con tus cuidados
tu memoria se divierta)
en que por embajador
llegaste a este reino, Atenas,
a donde Pandrón, mi padre,
bien obedecido reina,

por tu hermano el rey de Tracia
con mi padre hiciste treguas,
y cuando con él la paz,
conmigo alteraste guerra.
Fueron también los conciertos
(¡qué presto el mal se concierta!)
que tu hermano se casase
o con Progne o Filomena;
mi hermana Progne lo admite,
yo me rindo a la obediencia,
mi padre lo determina,
tú, Hipólito, lo deseas.
Enviaste, pues, dos retratos
de las dos, porque eligiera
el rey Tereo, tu hermano,
una de las dos bellezas.
(Belleza dije a la mía,
suple esta alabanza necia,
que pues soy tan desdichada,
no debo de ser muy fea.)
Eligió tu hermano, el Rey
a mi hermana, y porque tenga
su amor un premio debido,
el reino una conveniencia,
porque le cases te envía
poder con su firma regia,
y tú por él te casaste
con Progne, mi hermana bella.
Yo, viendo salir mi afecto
de la cárcel de la idea,
dando soltura a mis ojos,
los grillos quité a la lengua;
y viendo que ya mi hermana
de tu hermano es dulce prenda,

lo que calló tu lealtad,
dejó decir tu terneza,
hablábasme con suspiros,
que son retórica nueva
que en la clase del amor
ha inventado la modestia.
Nos mirábamos los dos.
¡Oh quién pintarlo supiera
yo el descuido en el cuidado,
tú cobarde en la fineza;
yo culpándote remiso,
tú temiéndome soberbia;
yo intentando que me hablaras,
tú intentando que te oyera:
por más señas que una vez
si no bastan estas Señas,
al ir a decir tu amor
con temerosas finezas,
o al manifestar tu incendio,
viéndome hablarte severa,
lo que iba a salir en voz
se te congeló en vergüenza.
Siempre temen los amantes,
pues de colores diversas
en las vistas del amor
toma el semblante librea.
Fingimos conversación
de diferentes materias
(disfraz que toma el deseo
para ganar la modestia),
decíamos nuestro amor
con equívocas sentencias
yo con fuego, y con tu hielo
templábamos nuestras quejas;

aunque tal vez temerosa,
sin saber en lo que yerra,
como andaba por el hielo
se deslizaba la lengua.
Cegó nuestro amor, en fin,
púsole el temor la venda,
entrose el alma por trato,
que al amor el trato engendra;
que es una fuerza mi pecho
tan inexpugnable y nueva,
que a no ganarla por trato
pienso que no la rindieras.
Y en un jardín una tarde,
donde tus lágrimas eran,
si de tu amor bien lloradas,
de mi dolor satisfechas;
apacible con tu ruego
cariñosa con tu queja,
creyéndote como hermosa,
oyéndote como tierna,
viéndote activo en la llama,
solícito en la empresa,
llegando, al verme remisa,
la noche por medianera,
al arrullo de tu voz,
como si muy niño fuera,
dormido quedó mi honor
y mi esperanza despierta.
Ni aun llores fueron testigos,
porque la rosa doncella
se escondió en verde capullo,
o de prudente o de honesta
arrugose en su botón
la vergonzosa azucena,

y a competir nuestros lazos
se asomó la verde hiedra.
A este tiempo (¡oh qué mal tiempo!)
mi padre anciano concierta,
puesto que Progne, mi hermana,
es del Rey, tu hermano, prenda,
que Jacobo, hijo del rey
de Albania, mi esposo sea;
y hoy también llegó un aviso
que hoy llega tu hermano a Atenas,
y que se ha de partir hoy
también con mi hermana bella,
porque de su brevedad
pretende hacer su fineza.
Mira ahora, dueño mío,
si será razón que sienta
(aunque sentir las desdichas
suele ser consuelo dellas),
que el Bey mi mano le pida,
que declararle no pueda
a mi padre nuestro amor;
y, en fin, que tu hermano venga,
y que hoy se vaya tu hermano
a su reino, donde es fuerza,
pues solo a que venga aguardas,
que a su patria con él vuelvas.
Casarme yo no es posible,
pues aunque yo lo quisiera,
tu amor, mi honor, tu palabra,
es fuerza que lo defiendan
irte, también es matarme,
hipólito, pues me dejas
el alma en el sentimiento,
y el sentimiento en la pena.

Pues quedarte en este reino,
aunque es paga, es imprudencia,
pues viene a ser añadir
un indicio a una sospecha
de suerte, que ya me quedo
si con tu hermano te ausentas
sin ti para mi dolor,
sin mí para mi nobleza,
con mi padre para el llanto,
para mi error con mi ofensa,
sin mi honor para mi fama,
y sin ti para mi queja.
Mas yo no extraño estos riesgos,
aunque tan airados vengan,
que así como vi la calma
adiviné la tormenta;
y viendo tardar los males
me dije un día a mi mesma
¿de cuándo acá las desdichas
vienen con tanta pereza?
no los socorros de amante
te pido, porque se yerran,
como anciano en las desdichas
algún medio me aconseja;
cuerdo eres y yo infeliz,
estos dos extremos mezcla;
valiente eres y yo amante,
estas calidades templa;
un riesgo sane otro riesgo
un mal otro mal divierta;
la sangrienta herida pide
medicina más sangrienta,
búsquese grande remedio
donde hay tan grande dolencia,

y lo que escribió el error
sepa corregir la enmienda,
que yo obediente y amante,
a tus preceptos dispuesta,
o me templaré prudente,
o te seguiré resuelta,
porque debas a mi amor
la última conveniencia,
pues para enseñarte el riesgo
hoy se ha quitado la venda.

Hipólito

Suspende el rigor mortal
y las lágrimas también
y escucha dispuesto en bien
al que tú lloras en mal.

Filomena

Pues, ¿qué remedio se espera
cuando el riesgo viendo estás?
¿Cómo lo remediarás?
prosigue.

Hipólito

Desta manera
este es el medio mejor,
y el que estos daños allana:
supuesto que tú y tu hermana
os tenéis tan grande amor,
o por sangre o por estrella,
y este riesgo viendo estás,
a tu padre le dirás
que no te has de hallar sin ella.
Y porque este intento así
fácilmente se consiga,
Progne a tu padre le diga,
que no se ha de hallar sin ti;

tú se lo avisas primero,
y con amorosos lazos
tal llanto finge en sus brazos
que parezca verdadero;
pues las mujeres tenéis
dos llantos con que vivís
el usado si fingís,
pero el tardo, si queréis;
que te has de ir por su afición
con ella, di desde luego,
y finge de modo el ruego
que pase a resolución.
Que ella ha de admitirlo sé,
con que estos riesgos allano,
Progne seguirá a mi hermano,
y yo siguiéndole iré;
divertirás tu cuidado
siendo en tan feliz jornada,
Progne de ti acompañada,
tu amor de mí bien pagado;
y puesto que en ardid tal
esta ventura logremos,
ya que no le remediemos
alargaremos el mal.

(Salen Juanete y Chilindrón.)

Juanete — Albricias pedirle quiero.

Chilindrón — Albricias vengo a alcanzar.

Juanete — Vuesarced lo ha de contar.

Chilindrón (Aparte.) — (¡Qué haya venido primero!)

de que vi...

Juanete Desembarcar...

Chilindrón Déjeme hablar el bufón.

Juanete Tiene muy grande razón,
vuesarced lo ha de contar.

Chilindrón ¡Que deste modo me inquiete!

Juanete ¡Qué tenga yo esta pensión!

Filomena Dilo, acaba, Chilindrón.

Hipólito Acaba, dilo, Juanete.

Chilindrón Con cien naves corrió el mar...

Juanete No son sino ciento y dos.

Chilindrón Si no callas, vive Dios...

Juanete Vuesarced lo ha de contar.

Hipólito ¿Aún duran vuestros enojos?
acabad, y sepa yo...

Chilindrón El Rey, tu hermano, llegó.

Juanete Yo lo vi por estos ojos.

Chilindrón No ha visto tal.

Juanete — Pues no sea.

Chilindrón — Pues a otra vez que me impida...

Juanete — No veré en toda mi vida,
si no quiere usted que vea.

Chilindrón — Ya ha desembarcado.

Juanete — ¿Y cómo?

Chilindrón — Ya está en Atenas, en fin,
ya le hace salva el clarín,
y ya le celebra el plomo.

Hipólito — Pues a recibirle voy;
adiós, bella Filomena.

Filomena — Él te guarde. ¡Oh grave pena!
mi muerte sintiendo estoy.

Hipólito — Chilindrón, Juanete, hola
seguidme los dos aquí.

Chilindrón — Él ha de venir tras mí.

Juanete — Y aún le llevaré la cola.

Chilindrón — Que a este quiero mal, infiero
por mi natural también.

Juanete — ¡Qué quiera yo a este hombre bien,
sin saber por qué lo quiero!

(Vanse.)

(Sale Progne, con una daga, asombrada.)

Progne — Matarete, vive el cielo
muere, cobarde, traidor,
desta manera tu error...

Filomena — ¡Hermana!

Progne — ¡Toda soy hielo!
este acero rigoroso
esta afrenta ha de vengar.

(Anda por el tablado sin responder.)

Filomena — Dime, ¿a quién quieres matar?

Progne — Al rey Tereo, mi esposo.

Filomena — Tente, Progne, ¿estás en ti?
¿Quién tal fantasía vio?

Progne — ¿No estabas herida?

Filomena — No.

Progne — ¿Luego ha sido engaño?

Filomena — Sí.

Progne — Ilusión pesada fue;
vengar quiero a Filomena.

Filomena — Templa, Señora, esa pena
¿Qué es esto, hermana?

Progne — No sé.

Filomena — A determinar no acierto,
qué es lo que te ha suspendido.

Progne — Tengo un desvelo dormido,
y tengo un sueño despierto.
Una injuria u una afrenta
tuya lloro temerosa,
la una muy amorosa,
y la otra muy sangrienta.
En ti soñaba mi honor,
porque es mi amor muy celoso
y vi en sueños que mi esposo
violó el templo de tu honor;
y para mayor tormento
en mi idea transformada,
miré tu imagen borrada
con sangre del sentimiento.
Pues para causarme enojos
este mal que temo y creo,
entre los ojos lo veo
sin mirarlo con los ojos;
pero cuando yo quería
vengar tan grave impiedad,
pensé que iba a la verdad,
y halleme en la fantasía.

Filomena — No en lastimosas querellas
te entregues toda al sentir,
y deja lo porvenir,

Progne, para las estrellas;
no tus dudas y recelos
ocasionen tus enojos,
¿cómo han de saber los ojos
lo que aún no saben los cielos?

Progne

No culpes mi indignación
cuando yo te lloro, pues
para las desdichas es
astrólogo el corazón;
y que hay riesgo te aseguro.
En lo que Ves aparente,
los ojos ven lo presente,
y el corazón lo futuro.

Filomena

Pues solo saber quisiera,
porque tu discurso alabe,
¿Cómo el corazón lo sabe,
y ellos no?

Progne

Desta manera:
el cielo, que se desvela
en esta unión dividida,
a este fuerte de la vida
le puso por centinela;
los latidos con que hablando
nuestros sucesos predice
son señales con que dice
al cuerpo que está velando.
Pues cuando en sueños mortales
nuestro descuido se inclina,
el corazón examina
la campaña de los males
luego que algún riesgo haya,

¿cómo ha de venir derecho
a la muralla del pecho
si es el pecho su atalaya?
aunque en tardo paso intente
el riesgo disimular,
apenas comienza a obrar
cuando el corazón lo siente;
no lo ve, mas para hacer
fineza en el asistir,
él se lo avisa al sentir
si él lo sustituye al ver.
Pues si para declararlo
por más evidente infiero
que entra el sentirlo primero
y después entra el mirarlo;
luego en los males y enojos
tiene más jurisdicción
la saña del corazón
que el indicio de los ojos.

Filomena Olvida el acero airado,
porque el verle me ha ofendido.

(Vale a quitar el acero, y córtase la mano.)

O yo le arrojo.

Progne ¿Qué ha sido,
Filomena?

Filomena Me he cortado;
pero no importa, no es nada.

Progne ¿Pues cómo el herirte fue?

Filomena
Por ti, hermana, me corté.

Progne
Primero a mí me matara;
porque aunque no hay riesgo, aquí
mi amor, hermana, sintió,
que siendo la causa yo
te salga la sangre a ti.

Filomena
Tu amor es la recompensa,
y mi lealtad la disculpa,
no será por ti la culpa
si por ti fuere la ofensa;
(Dale un lienzo.) un lienzo disfrazará.
Este ardor de mi pasión.

(Clarines.)

Progne
Estas las señales son
que mi esposo ha entrado ya.

Filomena
Que te llegue a merecer
piadosa al cielo he rogado.

Progne
Jamás he visto acertado
casamiento por poder.

(Por una puerta el rey Pandrón, y acompañamiento, y por otra el rey Tereo, Hipólito y acompañamiento.)

Pandrón
Dame los brazos, Tereo,
por premio a mi obligación.

Rey
Hoy en los vuestros, Pandrón,

halló el centro mi deseo.

Pandrón

¿Cómo venís?

Filomena (Aparte.)

(¡Que me espante
un prevenido accidente!)

Rey

Como hijo muy obediente,
y muy fino, como amante,
hoy mi esperanza dichosa
premio llegue a merecer;
mi esposa quisiera ver.

Pandrón

Esta es Progne, vuestra esposa.

(Estén juntas Progne y Filomena, y juzga que Filomena es Progne.)

Rey

Bellísima perfección,
ídolo de mi fineza,
en quien es más la belleza
que fue la imaginación;
alábeos mi admiración,
que si al más bello traslado
el pintor ha lisonjeado,
hoy lo contrario apercibo
porque es más grande lo vivo
de lo que fue lo pintado.
Diestro el pintor que os copió
porque eso fuera ofenderos
nunca procuró excederos,
igualaros procuró;
mas si al copiaros no os vio,
porque vuestra luz cruel
le dejó sin vista a él,

conociendo sus errores
pasó al rostro las colores
y a los ojos el pincel.
Yo os adoré bella y pura
por la copia licenciosa,
y aun no os juzgué tan hermosa
como está vuestra pintura;
pero hoy, que con la hermosura
os excedéis desigual,
viendo en la copia error tal
y en vuestro rostro el primor,
aquello crece mi amor
que crece el original.

Progne — De mi fortuna dichosa
hoy me doy el parabién;
como yo os parezca bien,
no quiero ser más hermosa.

Rey — Dejad que diga mi esposa
conveniencias a mi pena.

Progne — Ya el primer afecto estrena
ya os declara su desvelo.

Rey (Aparte.) — (Esta es Progne, vive el cielo,
y su hermana es Filomena
mi dolor intenta ahora
saberlo, disimulando.)
Yo a Progne estoy adorando.

Progne — Y Progne a vos os adora.

Rey (Túrbase.) — Pues vos... aquí mis enojos,

mi fuego allí más veloz.

Progne
No os entiendo por la voz.

Filomena (Aparte.)
(Yo le entiendo por los ojos.)

Rey (Aparte.)
(Ya es obligación forzosa
saberlo más claro así.)
¿No hablará mi esposa aquí?

Progne
¿Ya no os habla vuestra esposa?

Pandrón
Dos retratos he enviado.

Progne (Aparte.)
Y en ellos... (Estoy perdida),
yo fui de vos elegida,
y vos de mí el adorado.

Rey
Pues el poder que envié
fue para que se ordenase...

Hipólito
Que con Progne te casase,
y con Progne te casé.

Rey (Aparte.)
(¡Qué el cielo haya permitido
este error! Mas no me he errado,
o su padre me ha engañado,
o mi hermano me ha ofendido,
yo quiero disimular
mis sentimientos mortales.)
(Aparte.) Venid, bella Progne. (Males,
acabaos de declarar.)

Filomena (Aparte.)
(Con irme de aquí mitigo

la violencia de este ardor...)

Rey

Bella Progne, a vos mi amor...
Mas no sé lo que me digo.

Pandrón

Este es el vuestro, Tereo;
yo a mi cuarto me retiro.

Progne (Aparte.) (¡Qué aún no se alivie el suspiro!)

Filomena (Aparte.) (¡Qué malogre mi deseo!)

Progne (Aparte.) (¡Mi esposo el Rey tan turbado!)

Pandrón (Aparte.) (¡Tereo tan suspendido!)

Filomena (Aparte.) (¡Mi dolor tan prevenido!)

Hipólito (Aparte.) (¡Tan confuso mi cuidado!)

Pandrón (Aparte.) (¡Toda esta tormenta es calma.)

Progne (Aparte.) (¿Si me mira aborrecida?)

Filomena (Aparte.) (¡Que yo tenga alma sin vida!)

Rey (Aparte.) (¡Que yo tenga vida y no alma!)

Hipólito (Aparte.)

(Dioses, decid, ¿qué será
lo que obliga a su impaciencia?)

Rey (Aparte.)

(Yo curaré esta dolencia,
o el tiempo lo sanará.)
Ven, Hipólito.

Hipólito Ya voy.

Pandrón Ven, hija.

Filomena (Aparte.) (¡Yo estoy mortal!)

Hipólito (Aparte.) (¡Que obre con su industria el mal!)

Progne (Aparte.) (¡De mi propia enigma soy!)

Pandrón (Aparte.) (¿Quién templara este dolor?)

Rey (Aparte.) (¿Quién trocara estos desvelos?)

Hipólito (Aparte.) (¡Oh, quién no tuviera celos!)

Filomena (Aparte.) (¡Oh, quién no tuviera amor!)

(Vanse.)

(Salen Juanete, Chilindrón Y Libia, los dos delante acompañándola.)

Libia A que se vayan espero.

Juanete Hémosla de acompañar.

Libia Digo, que no han de pasar.

Chilindrón Pues envido.

Libia No le quiero.

Juanete ¿Y quiéreme usted a mí?

Libia Menos: ¡qué hombre tan cansado!

Juanete Eso es, poco y mal hablado;
¿Luego me aborrece?

Libia Sí.
El galanteo es donoso;
no he de querer a ninguno,
porque es muy goloso el uno,
y el otro muy codicioso;
de los dos las mañas sé,
y dejarlos es preciso:
él me come cuanto guiso,
y él me pide cuanto ve.
Y así porque los iguale,
que no quiero les prevengo,
quien me coma lo que tengo
que busco quien me regale;
y a él pido, pues su error ve,
que su codicia comida,
que no busco quien me pida,
sino solo quien me dé.

Chilindrón Yo, Libia, ¿qué te he quitado?

Juanete Yo, Libia, ¿qué te he pedido?

Libia ¿Qué dulces no me ha comido?
¿Qué joyas no me ha usurpado?

Chilindrón Pues a esto responde, y vete:
¿Dado que al uno estimaras,
a cuál de los dos premiaras?

Juanete — Responde a cuál.

Libia — A Juanete.

Chilindrón — ¡Que esta injuria sufra yo!
¿Pues por qué a mí me descarta?

Libia — Porque el goloso se harta,
pero el codicioso no.

(Vase.)

Juanete — ¡Qué de este modo te trata!

Chilindrón — ¡Qué de este modo te abona!
miente como una fregona.

Juanete — Miente como una fregata.

Chilindrón — ¿Por qué, si le hace merced,
le está desmintiendo así?

Juanete — ¿Por qué ha de quererme a mi
si no le quiere a vuested?

Chilindrón — Pues que no me quiera digo.

Juanete — Pues ni a mí me ha de querer,
cuanto él hiciere he de hacer.

Chilindrón — No le quiero tan amigo.

Juanete — Yo he de ser su amigo: ¡hay tal?

Chilindrón Pues yo he de ser su enemigo.

Juanete Yo no puedo más conmigo.

Chilindrón ¿Por qué causa?

Juanete Es natural.

Chilindrón ¿Pues tiéneme obligaciones?
¿Por qué es mi amigo fiel
si yo te aborrezco a él?

Juanete Esto va en inclinaciones.

Chilindrón Hombre, de tu error me espanto,
declárate, acaba aquí:
dime, ¿qué has hallado en mí
para que me quieras tanto?

Juanete Vile yo nacer, y yo
le acallé el primer puchero,
yo le di el beso primero
al instante que nació.

Chilindrón Pues hombre de Bercebú,
dime, ¿cómo puede ser
que tu me vieses nacer,
si soy más viejo que tú?

Juanete (Aparte.) ¡Qué hermanos tuvo! (Es cruel
conmigo.)

Chilindrón Calle el salvaje,

no me alabe mi linaje.

Juanete — ¡Pues su padre! Así fuera él.

Chilindrón — Ya escampa, ya se reporta,
voyme.

Juanete — ¿Dónde vas, amigo?

Chilindrón — Al infierno.

Juanete — Voy contigo.

(Va tras él.)

Chilindrón — Digo al infierno.

Juanete — ¿Qué importa?

Chilindrón — Por Júpiter, gran cuitado,
que le mate a bofetadas.

Juanete — Y estarán muy bien pegadas,
porque ando muy demasiado.

Chilindrón — Pícaro, Infame, goloso,
¿mi resolución ignora?

Juanete — Yo quiero enojarme ahora,
sí, mas no soy codicioso.

Chilindrón — Quédese para hombre bajo.

Juanete — Por fuerza me he de quedar,

peor es el que por guardar,
guarda un día de trabajo;
y este es oficio ingenioso,
y por eso le he admitido,
que en mi vida vi entendido
que no fuese muy goloso.

Chilindrón — Por gallina le desprecio.

Juanete — Eso no me da a mi pena;
porque tiene una alacena;
de dulces ¿habla tan recio?

Chilindrón — ¿Eso qué tiene que ver
con no vengar sus agravios?

Juanete (Aparte.) — (Malos han de estar mis labios,
o se los he de comer.)

Chilindrón — Quédese.

Juanete — Nos quedaremos.

Chilindrón — Voyme, y no me siga así.

(Sale Hipólito.)

Hipólito — Juanete, ¿qué haces aquí?

Juanete — Hacemos lo que solemos.

Hipólito — ¿Reñís? Salios allá fuera;
por aquí podéis salir,
porque el Rey...

Juanete Con él he de ir
esta vez, aunque no quiera.

Chilindrón Sí, mas guardaré, Señor,
ocasión para intentar...

Juanete En materia de guardar,
ninguno lo hará mejor,

(Vanse.)

(Sale el Rey con una carta en la mano.)

Rey (Aparte.) (¡Hay hermosa Filomena!
mas disimulemos, pena:
prolijo dolor, sintamos.)

Hipólito ¿Qué me queréis preguntar?
(Aparte.) (Su intento mi pecho ignora.)

Rey Idme respondiendo ahora
lo que os quiero preguntar.

Hipólito (Aparte.) (¡Tan severo el Rey conmigo!
confuso y turbado quedo;
no hay hielo como el del miedo.)

Rey (Aparte.) (¡Que mi hermano es mi enemigo!)
Hermano, dame los brazos.

(Abrázale.)

Hipólito Hoy con tan grande favor...

Rey (Aparte.) (¡Qué esté abrazando un traidor
y no le haga mil pedazos!)
Vete, cobarde, de aquí,
si no quieres que mi mano...

(Empuña la espada.)

Hipólito Rey, Señor, amigo, hermano,
¿Tan cruel?

Rey No estoy en mí.

Hipólito Guarda la espada severo,
señor, para otra ocasión;
si tienes indignación,
para qué quieres acero?

Rey (Aparte.) (Al ir a abrazarle yo,
porque sus yerros arguya,
al tocar la sangre suya
mi sangre se alborotó;
y como enemigos son,
y en un sujeto enlazados,
nunca están bien concertados
la lealtad y la traición.
Saca mi discurso ahora,
pues no sufrí unión igual,
que si esta es sangre leal,
aquella es sangre traidora.)

Hipólito (Aparte.) (¡Si el Rey mi hermano ha sabido
que yo a Filomena adoro!)
Cuál sea la causa ignoro

en que yo le haya ofendido;
¿de mi amor no te aseguras?
¿No das crédito a mi fe?
¿Pues dime, Señor, por qué?

Rey — Mirad esas dos pinturas.

(Dale dos retratos.)

(Aparte.) — (Recelos. dejadme, pues,
ya no hay consuelo a mi pena.)

Hipólito — Aquesa es de Filomena,
y de Progne estotra es.

Rey — Por la vuelta los mirad,
veréis donde están pintados
que están los nombres trocados.

Hipólito — Bien dice tu Majestad.

(Míralos.)

Rey — O esta es traición o es error.

Hipólito — Yo, Señor, los envié,
pero yo no los troqué.

Rey — ¿Pues quién los trocó?

Hipólito — El pintor.

Rey — Tanto para que me asombre
os divirtió la hermosura,

que mirabais la pintura
y no mirabais el nombre.

Hipólito (Aparte.) (Mi lealtad así acredito.)
No os he de engañar aquí;
cuando las pinturas vi,
ningún nombre estaba escrito;
yo mandé escribirlos luego,
mas después no los miré;
que hiciesen pliego mandé,
y el secretario hizo el pliego;
y sepa tu Majestad
que es cierto este desengaño.

Rey (Aparte.) (¡Si este disfraza su engaño
con máscara de verdad!
bien que más posible fuera
suceder lo que ha contado
mas otro modo he buscado
con que saberlo quisiera.)
Aunque es enojo, no es pena
mi indignación valerosa,
pues yo quiero a Progne hermosa,
y no quiero a Filomena.
Es que cuando mi pasión
dudó vuestro desengaño,
no le admitió como engaño,
sintiolo como traición;
pero, hermano, si es verdad
que fue error, mi error mitigo.

Hipólito Solo para mi testigo
os prometo mi lealtad.

Rey

A Filomena mi amor
por la pintura ha excedido,
y Progne me ha parecido
en original mejor.

(Aparte.)

(Así veré si se muestra
algún ardor.) Yo quería,
puesto que ya es Progne mía,
que sea Filomena vuestra,
tratarlo quiere mi amor.

Hipólito (Aparte.)

(Dichas, dadme el parabién.)

Rey

Que a su padre le está bien,
y a vos os está mejor.

Hipólito (Aparte.)

(¡Cielos, qué es lo que he escuchado!)

Rey

Ella en su estado es primera,
y vos primero en mi estado;
y así, con mucha prudencia
ordenarlo pienso así,
que me es conveniencia a mí.

Hipólito

Señor, pues si es conveniencia...

Rey

¿Qué decís?

Hipólito

Digo, Señor,
que por ti...

Rey

¡Válgame el cielo!
Declaraos.

Hipólito (Aparte.)

(Todo soy hielo!)

	con Filomena...
Rey (Aparte.)	(¡Ah traidor!)
	a lo que os propongo yo,
	dadme el no, o decid el sí.
(Aparte.)	(¡Qué bien mi engaño fingí!
	¿Qué decís?)
(Vuelve la cara.)	
Hipólito	Que sí... que no.
Rey	¿Pues por qué decís aquí,
	cuando os lo pregunto yo,
	con el un afecto no,
	y con el otro que sí?
(Aparte.)	(Ahora, celos, ahora
	podéis con más fuerza obrar.)
Hipólito (Aparte.)	(El Rey me quiere engañar,
	que él a Filomena adora;
	cobrarme en los riesgos quiero;
	desta manera ha de ser;
	fácil está de entender.)
Rey	A que os declaréis espero.
Hipólito	Un sí dije, y con él doro
	dos errores a mi pena;
	yo no quiero a Filomena,
	porque a otra dama enamoro;
	si él no dijera advertido,
	declarando mis temores,
	fuera ser a tus favores

mi amor desagradecido;
pues por no desobligarte
dos opuestos mezclé allí;
pues decirte solo el si
era también engañarte;
y así con mayor decencia,
por dar a mi fe un trofeo,
el no dijo mi deseo,
y el sí dijo mi obediencia.

Rey (Aparte.) (Para añadirme un tormento
mi hermano a tantos enojos,
por el rastro de los ojos
me ha sacado el sentimiento.
¡Quién tuviera al intentarlo,
como tuve al conocerlo,
industria para saberlo,
valor en disimularlo!
pero pues mi pena sale
a ser violenta pasión,
valga una resolución
donde una industria no vale.)
Pues ya que os habéis negado
a mis deseos constante,
ya que no os negocio amante,
os he menester soldado;
luego de Atenas salid
con los que traigo alistados,
que son treinta mil soldados,
y a la Valaquia os partid;
de vuestro valor confío
que rindáis esa corona,
y es ir allá mi persona,
puesto que la vuestra envío;

surtas os guardo cien naves,
que son, navegando a veces,
del cristal adentro, peces,
del cristal afuera, aves;
antes que raye Faetonte
el Antártico, partid
obediente, discurrid
cano el mar de Negroponte;
y porque por mar y tierra
neutral fortuna llevemos,
a un tiempo de aquí saldremos,
yo a la paz, vos a la guerra.
Ea, ¿de qué os suspendéis?

Hipólito (Aparte.) (¡Que esto me haya sucedido!)

Rey Toda esta armada he traído
para que vos la mandéis.

Hipólito (Aparte.) (Decir quiero mi dolor,
y sanará esta dolencia.)

Rey O eso es falta de obediencia,
o es defecto del valor,
o hay algún amor en vos.

Hipólito Señor, vuestra Majestad...

Rey ¿Queréis casaros? Hablad,
solos estamos los dos.

Hipólito (Aparte.) (Ni sé si acierta o si yerra
lo que mi riesgo eligió.)

Rey	Generales tengo yo que pueden ir a esta guerra.
(Aparte.)	(Si él se llega a declarar, disimularé el sentirlo.)
Hipólito (Aparte.)	Digo... (Mas no he de decirlo.)
Rey	¿Qué?
Hipólito	Que me voy a embarcar.
Rey	Pues ea, añadid blasones a los que a la fama dais; buenos soldados lleváis, pertrechos y municiones; dad una hazaña a otra hazaña; por la Valaquia os entrad: a fuego y sangre llevad la más desierta campaña si la queréis sujetar, digo que habéis menester consejos para emprender, tiempo para castigar.
Hipólito	De tu valor ayudado, logros el mío interesa.
Rey	Dificultosa es la empresa, pero vos sois buen soldado. En fin, ¿que resuelto estáis
(Aparte.)	(Yo daré alivio a mi amor.) a partiros!
Hipólito	Sí, Señor.

Rey Pues venced, o no volváis.

(Vase.)

(Sale Filomena, y halla suspenso a Hipólito.)

Filomena Aquí está, y el Rey se fue,
decirle la nueva espero.
Dulce dueño de mi vida,
si te merezco por dueño,
sabe, que mis tristes ojos,
que tú llamaste tus cielos,
de la borrasca del daño
salen a verte serenos;
licencia me dio mi padre,
siendo el llanto medianero,
para que yo con mi hermana
vaya esta tarde a tu reino;
juntos iremos los dos,
y estando juntos podremos...

Hipólito Calla, calla, Filomena.

Filomena ¿Qué es esto, Señor? ¿qué es esto?
¿La voz culpas a mi labio,
y a mi lengua pones freno?
¿Con acciones tu dolor,
sin voces tu sentimiento?
¿No me hablas? Pero bien haces,
supuesto que yo te entiendo:
que está, aunque muda tu voz,
retórico tu silencio.
¿Qué, no vas conmigo?

Hipólito No.

Filomena ¿Ni te quedas?

Hipólito Ni me quedo.

Filomena ¿Pues dónde vas?

Hipólito A la guerra.

Filomena ¿Quién lo manda?

Hipólito Mi Rey mesmo.

Filomena ¿Sabe tu amor?

Hipólito No lo sé.

Filomena ¿Cuándo has de partirte?

Hipólito Luego.

Filomena ¿Y te vas sin mí?

Hipólito Es violencia.

Filomena ¿Has de dejarme?

Hipólito Es precepto.

Filomena Así como vi la dicha,
me previene daño luego:
indicio es el bien del mil,

y el mal de otro mal agüero
nunca hay dichas bien halladas
adonde hay amantes tiernos,
que en este país del alma
son los bienes extranjeros.

Hipólito ¿Y tú has de partirte?

Filomena Sí.

Hipólito Di que te quedas.

Filomena No puedo.

Hipólito ¿Por qué?

Filomena Quiérelo mi hermana.

Hipólito ¿Y tu padre?

Filomena Él lo ha dispuesto.

Hipólito ¿Pues qué te obliga?

Filomena Un temor.

Hipólito ¿Pues qué temes?

Filomena No lo entiendo.

Hipólito ¿Rogástelo tú?

Filomena Sí, esposo.
¿Y te vas?

Filomena — No puedo menos.

Hipólito — ¡Que en el campo del amor
siempre la pena remedios!
¡Y que el cielo de los ojos
los riegue para cogerlos!
¡Y estando en sazón el fruto,
opimo, florido y bello,
eche a perder una lluvia
lo que tantas han compuesto!

Filomena — Ya descaece mi pena,
porque derriban a un tiempo
al espíritu el dolor,
y las desdichas al pecho.
¿Hipólito?

Hipólito — ¿Qué me dices?

Filomena — Deste modo me resuelvo,
ahora te quiere activo
la que te ha buscado tierno:
yo he de ir con Progne, mi hermana,
y con tu hermano Tereo;
tú por otra parte has de ir
a volver por tu honor mesmo;
allí tu honor te provoca
y aquí te ataja tu afecto,
pues mándale a tu valor
que castigue tu deseo;
si aquí, me quedo en Atenas,
luego que vuelvas venciendo,
has de ir a llevar la nueva

a tu hermano el rey Tereo;
dos ausencias han de ser
de una ausencia lo que menos
de vencer a tu reino, una;
y otra, desde allí a este reino;
pues yendo a tu reino yo
con mi hermana, por lo menos
de dos daños que sentimos
el un daño atajaremos.

Hipólito — Sí; mas dime, ¿si mi hermano
te quisiese? Porque entiendo
que enviarme a mí a la guerra,
lo ha fundado en sus recelos.

Filomena — Progne, mi hermana, es su esposa,
y tú su hermano y mi dueño.
¿Serán los celos posibles
para que puedan ser celos?

Hipólito — Y dime, ¿si el rey de Albania
enviase allá su heredero
a que contigo se case,
qué podrás hacer?

Filomena — En eso,
más peligro hay en Atenas
que no en Tracia; pues es cierto
que sola podré atajarlo,
y con mi padre no puedo.

Hipólito — Para nuestro amor, esposa,
¡Qué de inconvenientes veo!

Filomena — Por la senda de los males
esta vez caminaremos,
el acierto puede ser
que nazca del mismo yerro;
cuando buscamos los bienes
por los propios bienes, luego
encontramos con los males;
pues por los males entremos,
quizá hallaremos las dichas
caminando por los riesgos.

Hipólito — Por ti me gobierno siempre,
porque eres mi norte cierto;
puesto que es potencia tuya,
ríjame tu entendimiento.

Filomena — Vete, pues, esposo amado,
y esto sea sin requiebros,
que no es razón que al valor
eche a perder el afecto.
¿Cuándo nos veremos?

Hipólito — Tarde.

Filomena — Esta palabra te ofrezco.

Hipólito — Di, consuélame, Señora.

Filomena — No quiero darte consuelo;
califica muchos males
en tu idea, porque luego
no te extrañen sucedidos
que si por suerte o suceso
se te revocare en dichas

lo que consultaste en riesgos,
te hará más grande la gloria
la novedad del contento.

Hipólito — Pues quédate, esposa amada.

Filomena — Pues vete, infelice dueño.

Hipólito — Guárdete el cielo.

Filomena — Él te libre.

Hipólito — Muerto voy.

Filomena — Muriendo quedo.

Hipólito — Adiós, bella Filomena.

Filomena — Adiós, adorado dueño.

Fin de la primera jornada

Jornada segunda

(Sale Filomena, medio desnuda, con una luz, y una espada en la mano, y Progne con otra luz.)

Progne ¿Dónde, hermosa Filomena...

Filomena ¿Adónde, Progne divina...

Progne ¿Tu pasión te determina?

Filomena ¿Te ha conducido tu pena?

Progne ¡Tú confusa y tú turbada!

Filomena ¡Tú en tu afecto tan veloz!

Progne ¡Tú para espada la voz!

Filomena ¡Y tú para voz la espada!

Progne ¿Dónde vamos a porfía,
el paso y color turbado?

Filomena Yo a decirte mi cuidado.

Progne Y yo a buscarte salía
determinada y mortal;
que digas tu pena espero.

Filomena La novedad del acero
dirá lo extraño del mal.

Progne Templa el dolor inhumano,

deja el acero cruel.

Filomena — No me hallo, Progne, sin él,
y él no se halla sin mi mano;
como una traición espero,
si hay en el mal esperanza,
es un imán la venganza
que está trayendo el acero.

Progne — Que me refieras te pido
el mal que te ha ocasionado:
cuéntame lo que ha pasado.

Filomena — Oye lo que ha sucedido;
y para contarlo, dejo,
por ser el mal tan extraño,
luz que fue mi desengaño,
y acero que fue mi espejo.

(Pone la vela y la espada a un lado.)

Que salimos de Atenas ya lo sabes;
que en diez ligeras naves
dos años ha que a Tracia hemos llegado.

Progne — Con llanto lo confiesa mi cuidado.

Filomena — Ya sabes que por ti sola he venido.

Progne — Con afectos lo tengo agradecido.

Filomena — A Hipólito ya sabes que le adoro.

Progne — Y ya sabes también que no lo ignoro.

Filomena	Que ha dos años también que le deseo.
Progne	Que hoy le espera a que llegue el rey Tereo.
Filomena	Que hoy llega a Tracia.
Progne	Y que hoy llega triunfante.
Filomena	Esto importa saber.
Progne	Pasa adelante.
Filomena	Anegose en el mar el rubio coche, las estampas de luz borró la noche, retrájose a las grutas viento manso, la fatiga se entraba en el descanso, cuando yo en mi retrete retraída a mi esperanza le fié la vida; quebró el valor, porque el temor lo alcanza, y no pagó a mi vida mi esperanza; dormirme procuraba en dolor tanto, y el ruido me estorbaba de mi llanto; al descanso llamaba mi tormento, pero no le dejó mi sentimiento, aunque el sueño, callando mis enojos, arrullaba las niñas de mis ojos, y como se pagaba del cariño, iba a dormir mi amor, que amor es niño: apenas desta suerte hice el primer ensayo de mi muerte, bien estudiado, pero no suave, cuando siento que prueban una llave a mi puerta, y sintiendo estos enojos,

todo mi oído alborotó a mis ojos;
el susto extraño, la ocasión ignoro,
sobre mi propio lecho me incorporo,
guardo todo mi aliento retraído,
encargo mis sentidos al oído,
y la llave reparo, que procura
no sentirse en la propia cerradura,
pues quien era tan quedo la torcía
que el miedo pareció que se la abría;
a mi discurso acudo,
la vergüenza vistió lo más que pudo:
profeta de mi mal, mi agravio lloro,
este acero le entrego a mi decoro,
que siempre ha reservado mi osadía;
vuelvo a fingir al riesgo que dormía,
mi descuido dispongo cauteloso,
y veo entrar...

Progne ¿A quién?

Filomena Al Rey, tu esposo.

Progne ¿Mi esposo? ¡Oh celos! ¡Válganme los cielos!

Filomena Ten lástima de mí, no tengas celos;
tu esposo, digo que a mi cuarto entraba,
no pisando lo mismo que pisaba;
requirió todo el lecho,
y de verme dormida satisfecho,
no juzgando que el sueño le fingía,
la luz quiere matar de una bujía;
mirábanle suspensos mis cuidados,
los ojos entreabiertos y cerrados,
y para ver cautelas tan extrañas

la luz introducí por las pestañas;
mata la luz, y mi valor se asombra,
que le temí, como buscó la sombra
buscando el lecho, pues, su vista llega,
sin luz y con amor, dos veces ciega;
yo que sus intenciones comprehendo,
para mi luz a mi razón enciendo;
al lecho se acercaba
al tiempo que del lecho me apartaba;
y porque no me errase,
al tacto le encargó que me buscase;
ya estaba entonces yo junto a la puerta,
a quien su ceguedad se dejó abierta;
huyo hacia esotro cuarto diligente,
que honor cuanto mas huye es más valiente;
dejo a amor burlado y ofendido,
llamo a tu cuarto, y hasme respondido.
Y en tu luz, como en mi espejo,
¡oh Progne! me vengo a ver,
que en ti sola he de tener
mi consuelo o mi consejo;
bien que a tu elección me dejo,
pues porque mi mal arguya
de la intención vana suya,
hoy te avisa mi osadía,
que siendo esta ofensa mía,
es toda esta ofensa tuya.
De este Rey, que arde inhumano
con llama tan licenciosa,
eres desdichada esposa,
y mi esposo el que es su hermano;
en cuatro ofensas tirano
con un intento ha incurrido,
en mí a su hermano ha ofendido,

a su ley con su trofeo,
a mí con todo un deseo,
y a ti con todo un olvido.
Puesto que las dos bebemos,
bien que en vaso disfrazado,
un veneno inficionado,
un antídoto apliquemos;
tus nobles celos curemos,
a tu consuelo apercibo
las dolencias en que vivo,
y obrando mi agravio tal,
para atajar este mal
pongamos el defensivo.

Progne

De mi esposo en los desvelos,
de su amor en la violencia,
si en ti no hay correspondencia,
¿cómo en mi puede haber celos?
ni aún reliquias de recelos
en mi crédito verás,
que en lo que sintiendo estás
fuera tu mal el mayor,
pues a ti te va el honor,
y a mí unos celos no más;
pero ahora he reparado,
que porque mi pena impida,
soy yo quien tiene la herida,
y eres tú quien se ha quejado;
si el Rey te ha solicitado,
yo la distinción comprendo,
y de su traición me ofendo,
no tu mal estoy llorando,
pues a ti te está adorando,
y a mí me está aborreciendo;

mi amor, viendo mis desvelos,
mejor el riesgo ha inferido,
pues yo feriara su olvido
a la pensión de mis celos;
con celos fueran recelos
los que mi pena sintió,
porque conjeturo yo,
que el que llegó a aborrecer
puede volver a querer,
pero aquel que olvida, no;
pero un medio hallo forzoso,
con que honor y quietud gano,
digámosle que su hermano
es tu amante y es tu esposo;
que aqueste incendio amoroso
ha de templar acredito,
bien que con esto le incito
contra tu esposo a un rigor,
mas con decirle tu amor
le estorbamos un delito.

Filomena

No lo apruebo, Progne, no:
delito igual viene a ser,
pues ve que eres su mujer,
y que soy tu hermana yo;
si aun así no se templó,
y aspiró a mi amor profano,
amante a un tiempo y tirano,
siendo igual delito, aquí
lo que no hiciera por ti,
menos lo hará por su hermano.

Progne

Lo contrario es bien que arguya,
que cuando a ti te pretende,

sola nuestra sangre ofende,
y allí ofenderá a la suya.

Filomena

Pues para que te concluya,
más de tu razón me irrito,
y tu ignorancia acredito;
pues por evidente piensa
que no mirará la ofensa
quien no miró en el delito.

Progne

Pues un remedio procuro
que es lo mejor.

Filomena

Ya le espero;
yo estoy ciega de mis iras,
y no sé si acierto o yerro:
quien mira el mal desde afuera
puede aplicar el consejo.

Progne

Yo no estoy fuera del mal;
mas como el mal que yo siento
no tiene amor que le ciegue,
pienso que está más despierto;
hoy has de partirte a Atenas.

Filomena

¿De qué suerte, cuando espero
que hoy llegue Hipólito a Tracia?
y que hoy halle dulce el puerto,
dando velas al dolor,
en el mar de mis deseos?

Progne

Con él hoy has de partir.

Filomena

¿Pues cómo?

Progne Escucha mi intento:
tú has de escribirle un papel
con un criado secreto,
que antes que llegue a la corte
pueda atajarle primero.

Filomena ¿A qué intento es el papel?

Progne Óyeme ahora el intento:
pídele, que junto al bosque
del Rey, prevenga ligeros
dos caballos, porque así
evitas preciso un riesgo,
luego que haya visto al Rey;
porque has de ir con él huyendo
hasta la orilla del mar,
y desde allí a nuestro reino.

Filomena Y di, ¿si escrito el papel
no acertase el mensajero
a encontrarle en el camino,
o por desdicha o por yerro?

Progne Buen remedio: u otro criado
deja otro traslado mesmo
del papel que tú le envías,
por si le errare, y con esto
no puede haber yerro alguno,
pues no importará que a un tiempo
reciba los dos papeles;
enviando dos, por lo menos
ha de recibir el uno,
y a un tiempo conseguiremos

con dos papeles un bien,
y un acierto con dos yerros.

Filomena ¿Y he de quedarme sin ti?

Progne Sí, hermana; porque no quiero
anteponer nuestro amor
a lo posible de un riesgo
para atajar la dolencia
que el alma introduce al cuerpo
de nuestro honor, es preciso
cortar el brazo derecho;
no adolezcamos de agravios,
muramos de sentimientos,
sintamos el mal de ausencia,
no quede el honor enfermo;
ni el mal siento de la envidia
ni la congoja de celos;
mi honor solo me apasiona,
que tu honor es mi honor mesmo;
aborrézcame mi esposo,
y no te goce sangriento,
porque aquesta es pasión y aquel tormento,
y es honra el alma cuando al cuerpo es celos.

Filomena Por obedecerte admito,
aunque les cueste a mis miedos
muchos sollozos de aljófar
que a mis ojos compré tiernos.

Progne Barato sale un honor
a costa de un sentimiento.

Filomena El Rey sale con su tío

aurelio, y es a quien debo
mi vida, porque es amigo
de mi esposo.

Progne — Vete luego
a escribir los dos papeles;
vete, hermana.

Filomena — Ya obedezco.

Progne — Yo quedo disimulando.

Filomena — Y yo te dejo muriendo.

Progne — Sin lágrimas, Filomena;
pues dejándome a este tiempo,
tú caminas a un amor,
y yo me quedo a un desprecio.

Filomena — Por ti solamente lloro.

Progne — Échasme a perder con eso
pues me importa más tu llanto
que todo mi sentimiento.

Filomena — Por aquí voy a mi cuarto.

(Vase.)

Progne — Salir por aquí pretendo.

(Va a salir Progne, y encuentra con el Rey y Aurelio, su tío.)

Señor, vuestra Majestad...

Rey

Bella Progne, hermoso dueño,
causa de ardores que sufro,
móvil de ansias que conservo,
¿Dónde el paso sin aviso,
el color sin lugar cierto,
sin orden suelto el adorno,
sin proporción el aliento,
a sustituir la aurora
sales con aljófar tierno,
que en tus párpados por conchas
guaja el mar de tus dos cielos?

Progne

Ni enojos que me habéis dado,
ni los desdenes groseros
con que tal vez a mi amor
le sacaste de ser ciego:
ni las crueldades que lloro,
ni las injurias que os temo,
ni los agravios que os sufro,
ni los yerros que os consiento,
para las ofensas mías
han sido de tanto peso,
como son para mi oído
extraños vuestros requiebros;
que me aborrezcáis os pido,
que no me finjáis os ruego,
que lo segundo es agravio,
y lo primero es consuelo.
¿De cuándo acá vos conmigo
tan cariñoso y tan tierno?
con máscara de fineza
no me embocéis el desprecio;
de una fuerza que sitiáis

de meter socorro vengo,
pues la dejo, porque dure,
consejos por bastimento;
con ser vos tan poderoso
a defenderla me he opuesto:
vos de noche la asaltáis,
yo al alba la fortalezco;
bien sé que no ha de entregarse,
ni por trato ni concierto,
si no es que a fuerza de enojos
le entréis a sangre y a fuego;
pero si vos la rompiereis,
yo, que esta causa defiendo,
con mi queja irritaré
cuatro elementos a un tiempo;
sangre haré que Tracia corra,
porque de su humor sangriento
rojos vapores granicen,
nubes que pueblen el viento;
daré voces contra vos
de la justicia al desierto,
aunque de los montes solo
halle compasivo al eco;
y cuando no, mi rigor
producirá de mi acero
amenazas para flores,
y muertes por fruto incierto
no he de olvidar a mi saña
rebellín desnudo al viento,
flor retraída al capullo,
garza que se cale al cielo,
monte del ave registro,
clicie del Sol galanteo.
¿Pero qué es esto que digo?

¿Mi amor con vos descompuesto?
mas, como se vio desnuda,
salió mi verdad del pecho;
vos me oísteis, perdonadme,
soy mujer, y razón tengo,
tenéis ojos, y os disculpo
ya me entendéis, sois muy cuerdo;
sed prudente, pues sois rey,
sed templado, pues sois recto
que no sufriré un agravio
aunque os consienta un desprecio.

(Vase.)

Rey — Todo Progne lo ha sabido.
¿Habéis escuchado, Aurelio,
a la Reina?

Aurelio — Sí, Señor.

Rey — Pues que registréis mi reino
en mi ausencia, y pues que sois,
o mi rienda o mi gobierno,
con vos pretendo hablar claro:
otro sois como yo mesmo,
no me habléis como quien soy
sino como amigo vuestro,
para ver si con mi amor
se ajusta vuestro consejo.

Aurelio — Ya de la noche pasada
me habéis contado el suceso;
yo soy el que más os quiere,
vuestra sangre y tío vuestro

soy también, y a Dios pluguiera
que como mandé este imperio
en vuestra ausencia, que así
mandara en vuestro deseo.

Rey — Oídme: yo me casé
por poder.

Aurelio — También sé el yerro
que hubo de los dos retratos;
decid.

Rey — Yo tengo un recelo...

Aurelio — Declaradle.

Rey — De mi hermano,
que me ha engañado; sospecho
que a Filomena adoraba,
y solo con este intento,
trocando los dos retratos,
me dio a su elección el dueño.

Aurelio — No sé; mas ese es engaño,
que si él quisiera a ese tiempo
casarse con Filomena,
que no os casara, sospecho,
con Progne, pues fuera ofensa
ejecutar lo primero,
y estotro fuera traición
que hizo traición no lo creo,
ni en su sangre caber puede;
pues colegid, según esto,
si no os ofendió en lo mas

que no os ofendió en lo menos.

Rey — Decís bien; pero decidme.

(Salen Juanete y Chilindrón.)

Chilindrón — Ya le pido y ya le ruego
que me deje.

Juanete — No es posible;
yo tengo buenos respetos,
aunque te quisiera mal
no te dejara por cierto.

Chilindrón — No tengo dulce ninguno
que me coma.

Juanete — Ya lo huelo...
¿Dónde llevaste el papel?
dime, ¿hay algún chisme nuevo
de cuantos llevas al Rey?

Rey — Hola, Juanete, ¿qué es eso?

Juanete — Señor, con este soplón
miserable y avariento...

Rey — ¿Chilindrón?

Chilindrón — A vuestra Alteza
quisiera hablarle en secreto.

Rey — Decid.

Chilindrón — Como habéis mandado,
declarando vuestro intento,
que sepa de Filomena
los mejores pensamientos,
el mayor vengo a deciros
ahora me dio en secreto
Filomena este papel,
porque le llevase luego,
y a Hipólito se le diese
antes que llegase a veros.

Rey — Dame el papel.

Chilindrón — Tómale.

(Lee el Rey para sí.)

Rey — Apartaos, ¡válgame el cielo!

Aurelio (Aparte.) — (Hipólito me ha encargado
por cartas, que mire atento
en los ojos de su esposa
imaginarios deseos;
alma es el Rey del honor,
a Hipólito querer debo;
si al Rey digo aquel amor,
a mi propio amigo ofendo;
y si a Hipólito ayudase
por mi amigo, a mi Rey vendo:
aquel quiero más que al Rey,
pero el Rey es lo primero.
¿Pues qué remedio hallaré
entre un amigo y un dueño?
callarle a aquel esta ofensa,

a este encubrirle aquel fuego;
viva en mi prudencia fija
el alma de este secreto,
y lo que extrañó el oído
sepa ocultar el silencio,
pues vengo a ser de esta suerte,
estorbando aqueste fuego,
callando allí aqueste agravio,
amigo y leal a un tiempo.)

Rey — Infante, Aurelio, Señor.

Aurelio — ¿Qué decís, Señor? ¿Qué es esto?

Rey — Oíd aqueste papel:
escuchad.

Aurelio — ¡Válgame el cielo!

Rey — Esperaos en esa cuadra,
y no os vais.

Chilindrón — Esperaremos.

Aurelio — ¿Cuyo es?

Rey — Ahora lo veréis.
(Aparte.) (Dejadme, viles recelos.)

Juanete (Aparte.) — (Yo tengo aquí otro papel
para Hipólito; mas esto
no lo ha de saber la tierra
que aunque bufón, soy secreto.)

(Vanse Juanete y Chilindrón.)

(Lee el Rey a Aurelio.) «Esposo mío, Hipólito: luego que hayas dado al Rey la nueva de tu vencimiento, me espera esta noche junto al bosque con los caballos, porque nos vamos a Atenas, reino de mi padre; y pondrás sobre el monte una antorcha encendida, para que yo no te yerre; no procures saber más, de que a ti te va la honra, y a mí la vida. Tu esposa, Filomena.»

Rey
En fin, he hallado traidor
aquel de quien me he fiado.

Aurelio
Señor, si él está casado,
ya es el delito menor.

Rey
Sí, pero es osadía,
y aún más traición viene a ser,
que él admita por mujer
la que elegí para mía;
no están casados los dos,
y yo a Filomena quiero.

Aurelio
Quizá se casó primero
que la quisiésedes vos.

Rey
No para mi desengaño
me deis tal satisfacción,
que ya que no hubo traición,
por lo menos hubo engaño;
ya no puedo resistir
esta llama que arde fría
Filomena ha de ser mía
o Hipólito ha de morir.

Aurelio — Señor...

Rey — Es resolución.

Aurelio — Mirad...

Rey — Aquesto ha de ser.

Aurelio (Aparte.) — (Contradecirle es hacer
más ardiente su pasión.)

Rey (Aparte.) — (A Aurelio pienso ocultar
lo que tengo imaginado,
porque a Hipólito ha criado
y se lo puede contar.)
hola, Chilindrón.

(Sale Chilindrón.)

Chilindrón — ¿Señor?

Rey — Llegaos acá.

Chilindrón — ¿Qué mandáis?

Rey — Que a Filomena digáis
(cruel soy, mas tengo amor)
que ya disteis el papel
a Hipólito.

Aurelio — ¡Infeliz suerte!

Rey — Y mirad, que os daré muerte

si no lo decís.

Chilindrón
Soy fiel.

Rey
Pues mirad, que no digáis...

Chilindrón
¿Qué me advertís?

Rey
Esto advierto,
a nadie, que yo le he abierto.

Chilindrón
Haré lo que me mandáis.

Rey
A mi bosque id al instante,
y allí luego me aguardad,
y ese criado llevad
con vos, y aqueste diamante.

(Dale una sortija.)

Aurelio
Aún no he podido inferir
lo que su Alteza ha ordenado.

Chilindrón
Callaré con ser criado.

(Vase.)

Rey
Callad, si queréis vivir.
Puesto que ha de ir Filomena
al bosque a aguardar su esposo,
adelantarme es forzoso
y mitigar esta pena
que arde en mi pecho inmortal;
hoy gozaré a Filomena,

pues poniendo como ordena
aquella roja señal,
ha de conocer su daño,
y yo he de encontrarla luego;
caiga su amor, pues es fuego,
en las redes de mi engaño;
y castigaré también,
amoroso a un tiempo y sabio,
en Hipólito un agravio
y en Filomena un desdén.

(Sale Juanete.)

Juanete — Hipólito, vuestro hermano,
de Valaquia vencedor,
pide licencia, Señor,
para besar vuestra mano.

Rey — Decid que entre.

Aurelio (Aparte.) — (¡Qué cruel!)

Rey (Aparte.) — (Yo quiero disimular.)

Juanete (Aparte.) — (Al tiempo que vaya a entrar,
le pienso dar el papel.)

Aurelio (Aparte.) — (¿Si a Hipólito avisaré
lo que del Rey pude oír?)

Rey (Aparte.) — (Con él me importa fingir,
mas no sé si acertaré;
ruego a mi dolor que acierte.)

Aurelio (Aparte.) (No hay deslealtad que lo impida.)

Rey (Aparte.) (Razón es lograr mi vida.)

Aurelio (Aparte.) (No es traición librar su muerte.)

Rey (Aparte.) (Yo la tengo de lograr.)

Aurelio (Aparte.) (Cruel está, y téngole amor.)

Rey (Aparte.) (Así apagaré mi ardor.)

Aurelio (Aparte.) (Su intento le he de avisar.)

Rey (Aparte.) (Así mi deseo allano.)

Aurelio (Aparte.) (Así obra mi lealtad.)

(Sale Hipólito al son de cajas, con un bastón, y dale Juanete un papel sin que lo vea el Rey.)

Hipólito Permita tu Majestad
a mis labios la real mano.

Rey ¿Hermano, Hipólito, amigo?

(Abrázale.)

Hipólito Mi Rey sois y mi Señor.

Rey ¿Cómo venís?

Hipólito Vencedor.

Rey ¿De qué suerte?

Hipólito Ya lo digo.

Rey Luego lo podréis contar;
saberlo después espero,
que es más justo que primero
os entréis a descansar.

Hipólito Referírtelo no excuso.

Rey Que descanséis es forzoso.

Hipólito (Aparte.) (¡Aquí el Rey tan cariñoso,
aurelio allí tan confuso,
afable el que antes cruel,
mi sospecha tan incierta,
darme al entrar de la puerta
de mi esposa este papel!
¡Si el Rey me finge inconstante
su afecto, y llama veloz!
mas lo que engaña esta voz
me declara aquel semblante:
que hay alguna traición digo.)

Aurelio (Aparte.) (Con él va, quiérole hablar,
su intento le he de contar.)

(Quiere irse con Hipólito, y el Rey vuelve la cara.)

Rey Aurelio, venid conmigo.

Aurelio (Aparte.) (Entendiome: ¿qué he de hacer?
¡Que no me quiera dejar!)

Hipólito A Aurelio quisiera hablar.

Rey Yo también le he menester.

Aurelio (Aparte.) (¡Oh, quién le dijera aquí
que el Rey leyó aquel papel,
y que está su vida en él!)

(Llévase el Rey a Aurelio.)

Rey (Aparte.) (No le he de apartar de mí.)

Hipólito (Aparte.) (Males, tan juntos venís
que aún no os puedo comprender.)

(Llégase Aurelio a Hipólito a hablar, y vuelve el Rey la cara.)

Aurelio (Aparte.) (De esta manera ha de ser.)

Rey Vamos.

Aurelio El Rey...

Rey ¿Qué decís?

Aurelio Que el Rey me lleva consigo.

Rey Aurelio, pasad delante,
id a vuestro cuarto, Infante.
(Aparte.) (¿Ay Filomena!)

Aurelio (Aparte.) (¡Ay amigo!)

Hipólito (Aparte.) (¡Qué confusión!)

Aurelio (Aparte.) (¡Qué cruel!)

Rey (Aparte.) (Muriendo de amor estoy.)

Hipólito (Aparte.) (A esotro cuarto me voy
a leer este papel.)

Aurelio (Aparte.) (¡Qué desdicha! ¡Qué rigor!)

Rey (Aparte.) (Venganza pide mi agravio:
la voz prende con el labio.)

Hipólito (Aparte.) (El premio pide mi amor.)

Rey (Aparte.) (Mas yo le he de castigar.)

Hipólito (Aparte.) (Mas no tengo que inferir.)

Rey (Aparte.) (Al ver que me he de partir,
su intento pienso evitar.)

Aurelio (Aparte.) (Primero es mi Rey; mal digo,
que estotra pasión prefiero,
pues le he criado y le quiero,
es su hermano y es mi amigo.)

(Vase.)

(Sale Chilindrón con un vidrio de conserva, un panecillo, un jarro de agua y una servilleta.)

Chilindrón El rey Tereo ordenó

que en este monte estuviese,
y que conmigo trujese
a Juanete me mandó;
y aunque siempre es tan mi amigo,
y aunque siempre me acompaña,
en oliendo la campaña
no hay quien le haga andar conmigo;
mas viendo que su recelo
en el campo me temió,
y como conozco yo
juanetes de mi majuelo,
pues su golosina sé,
obediente a mi buen celo,
porque pique en el anzuelo
este cebo le apliqué;
despedidme, y porque vea
que no le quise engañar,
junto a él me puse a comprar
este vidrio de jalea;
viole, y dijo al punto: tate,
este vidrio sigo yo,
y al instante que le vio
se le abrió tanto gaznate.
Un panecillo he traído
y este jarro para el caso,
y al campo paso ante paso
tras el dulce se ha venido,
y aunque le está deseando,
le ha de dañar la conserva:
(Mira atrás.) rendido sobre la yerba
del bosque me está acechando.
Hoy le he de hacer un engaño
que en Tracia se ha de sonar
por Dios que me ha de pagar

las de ogaño y las de antaño;
hoy cobrar he pretendido,
si otra venganza no tengo,
con la burla que prevengo,
los dulces que me ha comido.
Goloso es tan inhumano,
que viendo que dulce estaba
un hombre que enamoraba,
le dio un bocado a una mano;
él se come a competencia
cuatro cántaros de miel,
y el arrope es para él
espejuelo de Valencia
no hay en el lugar cerera
que pueda mosquearse de él,
pues porque ha estado en la miel
suele comerse la cera;
pues para vengarme bien
en el vidrio, a su pesar,
estos polvos quiero echar,
que son de ruibarbo y sen;
y porque puedan obrar,
otros polvos he juntado
que un boticario me ha dado,
muy buenos para purgar.

(Echa en el vidrio los polvos, y revuélvelos.)

Revueltos los dejo, y puesto
el papel con gran primor,
pan, porque coma mejor,
y agua, porque obre más presto;
por Dios que me ha pagar
cuanto me ha comido así;

si él me sigue por aquí,
aquí lo quiero dejar;
él viene con gran trabajo
acechándome, así viva,
lo que comió por arriba
lo ha de pagar por abajo.

(Vase.)

(Sale Juanete.)

Juanete

Siguiendo el vidrio no más
he venido en este instante,
con tanta gana delante,
con tanto espigón atrás;
no hay oro que cría el Tíber,
no hay diamante que me cuadre
como el dulce, que a mi padre
me lo comiera en almíbar.
¿Quieren ver mi golosina
si me crió bien capaz?
cuando empecé a ser rapaz
fui niño de la doctrina;
para ser goloso igual
en acto más importante,
fui paje, luego estudiante,
y después fui colegial.
Solo al dulce se reserva
la golosina en que trato,
o me anda mal el olfato,
o estaba aquí la conserva;
(Hállale.) vidrio es este, ¡pesia tal!
ea, entendile la treta,
ítem más, su servilleta,

ítem agua, ítem candial;
ítem, que está bueno así
para comerlo a sazón;
ítem, que está Chilindrón
más de una legua de aquí;
ítem, que para poder
comer, sentarme prevengo;
(Siéntase.) ítem, la gana que tengo,
ítem, que empiezo a comer;
¡Qué pequeño es el vidrillo!
(Come.) ¡No hubiera sido mayor!
¡Qué tal es! ¡Oh qué sabor!
Oiga el diablo, que es membrillo;
(Come.) pues como estoy vagabundo,
el ser membrillo he sentido,
si esto no fuera estreñido,
no hay tal comida en el mundo:
(Come.) bien que cuando no se fragüe
suele ser algo molesto;
mas para que corra presto,
(Bebe.) buen remedio, echarle agua;
y tiene, entre otras señales
de ser conserva muy rica,
un sabor hacia botica,
(Come.) que le da cuatro mil sales.
El tonto le trajo aquí,
pensando que no le viera;
a ser guindas no bebiera,
(Bebe.) pero con membrillo sí.
El suelo viéndole voy,
(Come.) ya está el vidrillo inhumano
con la candela en la mano
ahora, gran goloso soy,
tanto, que si amante fiel

quiero alguna dama bella,
me llego mejor a aquella
que se ha afeitado con miel.
Una vez, sin resistirme
a mi golosina aguda,
porque me comí una muda,
me vi a pique de morirme;
en efecto, se ha acabado
el vidrio, y era forzoso,
que en mi vida vi gustoso
que pareciese pesado.
Hinchado estoy, prevenir
quiero agua a mi dulce pecho,
que el agua es mejor, sospecho,
(Bebe.) para poder digerir:
¿Membrillos? No hay que espantar
que tan rebeldes estén,
que hasta en el árbol también
son tardos de madurar.

(Salen el Rey, criados, Chilindrón, Aurelio, y un criado con una antorcha dentro de un fanal.)

Rey — Triste vengo.

Aurelio — Yo mortal.

Rey — En la cumbre de ese monte,
que averigua ese horizonte,
pongamos esta señal.

Aurelio — No le he entendido a Tereo.

Rey — Esta que fijo en la tierra

es roja señal de guerra
que publica mi deseo.

Chilindrón ¿Amigo Juanete?

Juanete ¿Amigo?

Chilindrón (Aparte.) (Ya el membrillo se comió.)
¿Acá estás también?

Juanete ¿Pues no?

Aurelio Que no os he entendido digo.

Rey Subid vosotros, soldados,
y aquesta insignia fijad.

Aurelio Mire vuestra Majestad...

Rey Hoy cesarán mis cuidados.

Chilindrón (Aparte.) (¿Cómo no obra el mezcladillo
de los polvos que le di?)

Juanete (Aparte.) (Aquello que yo comí
sin duda no era membrillo.)

Chilindrón (Aparte.) (Y a mí la burla se hiciera
en haberlo yo gustado.)

Juanete (Aparte.) (Pues parece que ha obrado
más de lo que yo quisiera.)

Chilindrón (Aparte.) (Y le estoy temiendo yo.)

Juanete (Aparte.)	(Porque un poco se deshace.)

(Hace gestos.)

Chilindrón (Aparte.)	(Parece que gestos hace.)
Juanete	¡Ay, ay, ay!
Chilindrón (Aparte.)	(Ello es, pegó: ahora verá lo que trato para que salga mejor.) Vuestra Majestad, Señor, detenga a Juanete un rato, porque puede ir a contar a Hipólito tu intención.
Rey	Bien decís.
Juanete	En conclusión. Voy a...

(Quiere irse.)

Rey	Juanete, no os vais.
Juanete (Aparte.)	Señor, advertid que estoy... (¿Esto tenemos ahora?)
Chilindrón (Aparte.)	(Lo de los polvos ignora.)
Rey	¿Por qué os vais?
Juanete	Porque me voy.

Rey	Decidme, ¿por qué?
Juanete	Después os lo diré: yo le dejo.
Rey	¿A dónde vais?
Juanete	Al consejo.
Rey	¿Cuál?
Juanete	Al de cámara es. Decid, ¿a qué vais ahora?
Juanete	A proveer en razón de un dulce una petición.
Rey	Tiempo hay.
Juanete	Ha dado la hora.
Rey	Pues vos más corrientemente me divertís.
Juanete	¿Quién?
Rey	Vos.
Juanete (Aparte.)	¿Yo? (Ese perro me engañó.) Sí, pero estoy muy corriente.
Chilindrón (Aparte.)	(Lindamente lo he trazado.)

Juanete (Aparte.) (¡Qué traición tan grande haya!)
Señor, dejad que me vaya
si no estáis acatarrado;
¿mas qué me ha de hacer que huya?

Rey Chilindrón esto ha de ser,
por Juanete iréis a hacer
esta diligencia suya.

Juanete Señor, mirad (¡ay de mí!)
¡oh, pesia a quien me parió!
que si no lo hago yo,
no puede hacerlo por mí.

Rey Pues idos, si en eso estriba
vuestro crédito no más.

Juanete Perro, tú lo pagarás;
si no lo mandáis, ya me iba.

(Vase.)

Rey De esta manera ha de ser:
solos hemos de quedar,
del monte en este pinar
nos podemos esconder.

Aurelio Advertid...

Rey Estáis muy viejo,

Aurelio Mirad...

Rey — Es grave dolor.

Aurelio — ¡Oh qué grande es vuestro error,
pues desecháis un consejo!

Rey — Sí, mas también llego a ver,
que da un consejo el que es viejo,
solo por dar un consejo,
y no porque es menester.

Chilindrón — Él vuelve con gran dolor
a servir al Rey, aquí;
con la del martes le di.

(Sale Juanete.)

Juanete (Atacándose.) — Diome con la del doctor
Aunque ya he convalecido
de este prolijo accidente.
¡Ay, ay, ay!

Chilindrón — Diga, qué siente,
acabe.

Juanete — Que he recaído.

Chilindrón — ¿Dónde va?

Juanete — Vuelvo después;
déjame ir, camarada.

Chilindrón — Purga tiene ya cortada
para trabajar un mes.

(Descúbrese arriba la antorcha.)

Rey (Aparte.) (Ya está la señal segura
a donde solo se ve
desde el camino, y podré
ocultarme en la espesura
del monte.) En fin, ¿habéis dado
en contradecir mi amor?

Aurelio Después de obrar mi rigor,
os pesará haberlo obrado;
y si vuestras iras dejo,
siendo cómplices los dos,
no os culparán solo a vos,
sino a quien os dio el consejo.

Rey Decís bien, pero venid.

Aurelio Ello es fuerza obedecer.

Rey Aurelio, aquesto ha de ser.

Aurelio Rienda os doy, males, sentid,
y desbóquese el dolor
precipitado y valiente.

Rey Suba activo, y suba ardiente,
si es fuego, al fuego mi amor.

(Vase.)

(Sale Hipólito con una hacha encendida.)

Hipólito A donde pongo las plantas

apenas la vista pongo,
mirando si a Filomena
descubro en el bosque umbroso;
leí el papel (¡ay de mí!)
extrañéle, ya le lloro,
y cuanto disculpo amante,
voy sospechando celoso.
Al abono de su fe
le di mi amor por tesoro;
¿mas si quiebra la hermosura,
qué importarán los abonos?
dos años ha, dueño mío,
que no me he visto en tus ojos:
¡que haya ausencia habiendo amor!
¡Que haya amor habiendo estorbos
la antorcha quiero poner
en la punta de ese escollo,
aunque si la seña es fuego,
¿Para qué la antorcha pongo?
si llamas de amor íntimo,
sirva de seña yo propio,
que este es fuego artificial,
y elemental el que arrojo.
¡Oh qué ligero que subo,
y qué confuso me ignoro!
¿Quién vio linces a los pies,
y quién vio torpes los ojos?
¡Qué callada está la noche!
¡Los vientos qué perezosos!
¡Los árboles qué dormidos!
¡Qué mudo el cristal sonoro!
para acecharme, sin duda,
se piden silencio todos;
el cristal como parlero,

y como amante el Favonio.
Su amor el mío escribió;
¿mas para qué me apasionó?
pongo esta señal de fuego,

(Sube por una cuesta, y pone la antorcha.)

Mis celos era más propio.
De estos árboles presumo
ocultarme en lo frondoso,
por ver si de esotra parte
descubro el dueño que adoro.

(Vase.)

(Sale Filomena.)

Filomena

Desconocida del prado,
asustada de la sombra,
por la cristalina alfombra
del bosque a un cerro he llegado.
Voces doy al monte hueco,
que en viento me las resuelve,
pues despegado me vuelve
mis propias voces el eco.
Una luz ve mi temor,
¡oh sí de mi esposo fuera!
será la dicha primera
que ha visto a tiempo mi amor.
Mudo un recelo embaraza
los pasos que me han guiado,
que cualquiera mal pasado
a otro mal futuro emplaza;
ya no espero dicha alguna,

siendo la fortuna quien
me ha abortado, que también
pare monstruos la fortuna.

(Sube por el monte donde está su esposo.)

Subir quiero, puesto que es
esta la señal que veo.
¡Oh cielos, si mi deseo
suplir pudiera a mis pies
pero, o la vista me engaña,
o me lo finge el temor,
o otra antorcha miro arder
del bosque en esta montaña;
que es de mi esposo recelo;
en dos montes miro iguales
dos prevenidas señales;
¿cuál será (¡válgame el cielo!)
la que yo vengo a buscar?
mayor mi mal viene a ser,
que antes recelé el temer,
y ahora temo el dudar;
¿qué prolija confusión
mis temores atropella?
Violenta está ardiendo aquella,
(La de su esposo.) y esta arde con prevención;
(La del Rey.) arde esta más vigorosa,
(La de su esposo.) arde estotra mis prudente;
(La del Rey.) esta dura más ardiente,
(La de su esposo.) y estotra más cautelosa;
(La del Rey.) pues este indicio prefiero
a mi discurso mejor,

(Quiere seguir la del Rey.)

cautela fin sido mi amor,
la cautela seguir quiero;
pero sin justa razón
este indicio me desvela,
que quien supone cautela
también supone traición.
Seguir quiere mi dolor
este más ardiente y ciego;

(Vase a la de su esposo.)

aquí es más activo el fuego,
y donde hay fuego hay amor.
Aquí con nuevos desvelos
(La de su esposo.) silencio el fuego ha enseñado,
si es fuego disimulado,
este es el fuego de celos.
¿Cuál, pues, cielos, vendrá a ser
lo que sentirá su ardor,
celos, ira, fuego, amor?
los celos quiero creer;
crean los celos mis recelos
con advertida prudencia,
que nadie lloró una ausencia,
que no aludiese a los celos.
Esta senda he de buscar,
yo la busco, y no la he hallado,

(Va a la del Rey, y no halla senda.)

Volver quiero a estotro lado,
a Hipólito he de llamar;
(Llama recio.) ¿Hipólito? Aunque veloz

mi voz le provoque ciego,
si no le ha hallado mi fuego,
¿cómo le hallará mi voz?
ahora el discurso empieza,
con que argüirme quería,
dejo la sofistería,
y entro en la naturaleza.
Aquí busca mi destino
estampas a este horizonte,
aquí no hallo senda al monte,

(La del Rey.) y aquí he encontrado el camino

(La de su esposo.) pues cuando en el mal que ignoro
dudosa el alma se ve,
¿cuál de los dos seguiré,
el que veo o el que ignoro?,
fácil a este monte umbroso
la senda vengo a lograr,
y si aquel voy a buscar,
le extraño dificultoso;
pues si pretendió acertar
con sus intentos mi ardor,
quiero elegir el peor,
y el seguro he de olvidar.
Hoy mis aciertos se ven
en la elección que he juzgado,
pues nunca vi desdichado
que hallase fácil un bien.

(Vase por la del Rey.)

(Hipólito baja de la cuesta con la antorcha.)

Hipólito La voz presumo que he oído
de mi esposa en esta calma

o es que como sirve al alma
lisonjea este sentido.
Bajar a buscarle intento;
¡Ay esposa! Aire veloz,
deja llegar esta voz,
no la embargue tu elemento.
¿Filomena? ¿Filomena?
voces al viento voy dando
no lo escucha, pero ¿cuándo
se oye mejor una pena?
ya sobre aquel horizonte
la luz mataron mayor.
¡Ay de la luz de mi honor
que anda también por el monte?
que erró mi seña recelo
irla pretendo a buscar:
del monte por el pinar
entraré.

Filomena (Dentro.) ¡Válgame el cielo!

Hipólito El viento que se aconseja
para mi piedad veloz,
ya que me envía la voz
no quiso dejar la queja;
voz, que en tan violenta calma
a suspenderme has venido,
no sobornes al oído
si me has de irritar el alma
¿mas cómo mi aliento deja
de buscar este rigor?
¿Mas qué se queda el dolor
y no vuelvo a hallar la queja?

(Entra por una puerta y sale por otra.)

Del monte el rústico pie
brevemente he examinado,
y en rojo matiz bañado
este cabello encontré;
¡Hay indicios infelices
para mi llanto preciso!
derribar el árbol quiso
quien le cortó las raíces.
Si el Rey (¡qué grave pasión!)
pero no puede ser digo;
hoy viene a ser mi enemigo
mi propia imaginación.
Más indicios busco sabio,
hizo la crueldad su oficio;

(Sale Filomena bañada en sangre, suelto el cabello y sin chapines.)

iba a buscar un indicio,
y encontré con un agravio.
Ángel bello, dulce esposa,
ignorado serafín,
¿quién tu rostro de jazmín
tradujo purpúrea rosa?
¡Ay ojos de mis enojos,
a quien mi dolor provoca!

(Arroja sangre por la boca.)

¡Sangre arrojas por la boca,
y palabras por los ojos!
¿Quién te ha podido injuriar?
¿Qué activo dolor atroz

(Hace señas y no puede hablar.)

te heló en el cuerpo la voz,
que no me puedes hablar?

(Hace señas que tiene el daño en la lengua.)

Di, Filomena (¡ay de mí!)
el que (¡ay cielos!) te ultrajó,

(Señala con la cabeza, y las manos.)

¿Te cortó la lengua? no,
¿o te hirió la lengua? sí.

(Hace señas que no, y que sí.)

Filomena, di, ¿qué ha sido?
porque yo te vengaré,

(Toma sangre en la mano.)

Sangre me dices que fue;
¿que mi sangre te ha ofendido?
ahora, males, ahora,
acabadme de matar;
la ofensa he de examinar.
Dime, ¿cómo fue, Señora?

(Quita la daga a Hipólito, y hace señas que quiere escribir en la arena.)

¿Tú mi acero para mí?
¿No ves que ya estoy mortal?

¿Escribir quieres tu mal
en la rubia arena?

Filomena — Sí.

Hipólito — Escribe: de celos rabio.

(Escribe sobre la arena, y lee él.)

«Tu hermano el Rey...» (¡Qué infiel!)
nunca faltará papel
para escribir un agravio.

(Lee.) «Vengativo, fue tirano
contra la divina ley.»

Dejar quiero solo al Rey,
(Borre.) quiero borrar el hermano.

(Lee.) «Hizo en mí, tuvo poder...»

¡Ay pena! ¡Ay amor! ¡Ay honra!
¡Que alumbre yo mi deshonra!

(Lee:) «Todo lo que pudo hacer...»

¡O si activo, o si feroz,
para aliviar mis pasiones,
te quitara las acciones
quien te ha quitado la voz!
(Borra la arena.) Arena vil, ¿cómo ahora
guardas letras de mi acero?
¡No te mataras primero,
y no lloraras ahora!
¿Huyes de mí, porque intente

esta desdicha templar?
contigo quiero llorar
mi pena: espera.

(Vase Filomena.)

(Sale Aurelio.)

Aurelio Detente;
¿Dónde vas?

Hipólito Sigo cruel
Mi agravio.

Aurelio Témplate sabio,
que con pensar el agravio,
podrás morirte sin él.

Hipólito Espérame, Filomena.

Aurelio Quiérote avisar primero...

Hipólito ¿Por qué me llevas mi acero,
si me has dejado tu pena?

Aurelio Que el Rey...

Hipólito ¡Ay honra perdida!

Aurelio Intenta...

Hipólito Pasos turbados,
¿Qué esperáis?

Aurelio Con cien soldados...

Hipólito Dilo.

Aurelio Quitarte la vida

Hipólito ¿Matarme intenta (¡qué es esto!)
después de mi deshonor?

Aurelio Desbocose su rigor,
y no parará tan presto.

Hipólito Pues déjame de esta suerte
vencer su ira repetida,
daré a mi deshonra vida
si doy a mi vida muerte.

Aurelio ¿Pues quién te ha dicho, Señor,
si ya tu mal no lo advierte,
que con lograr una muerte
alivias un deshonor?

Hipólito Deja, déjame pasar.

Aurelio Ya que no he podido sabio
estorbar tu grande agravio,
tu muerte quiero estorbar.

Hipólito ¿Cómo atajar puedo yo
el fuego en que llego a arder?

Aurelio Con la vida puede ser,
pero con la muerte no.

Hipólito — Dame un alivio a mi pena,
siendo mi sangre y mi amigo.

Aurelio — El cielo tiene castigo,
padre tiene Filomena.

Hipólito — Pues para vengarme yo
del deshonor que hay en mí,
¿Me darás remedio?

Aurelio — Sí.

Hipólito — ¿Me darás ayuda?

Aurelio — No.

Hipólito — Ayudarme es justa ley
criándome.

Aurelio — ¡Estoy mortal!

Hipólito — ¿Qué respondes?

Aurelio — Soy leal.

Hipólito — ¡Y el Rey, mi hermano!

Aurelio — Es mi Rey.

Hipólito — ¿Qué he de hacer para mi pena?

Aurelio — Segunda vez te lo digo:
el cielo tiene castigo,
padre tiene Filomena.

Hipólito — Pues suba mi queja al cielo.

Aurelio — Baje al dolor mi tardanza.

Hipólito — Mi agravio pide venganza.

Aurelio — Llanto pide mi desvelo.

Hipólito — A Atenas quiero partir.

Aurelio — A mi Rey he de ayudar.

Hipólito — Ya yo me voy a vengar.

Aurelio — Y yo me quedo a morir.

Hipólito — La venganza es justa ley,
hoy mi enojo ha de irritarle.

Aurelio — ¡Quién pudiera ir a ayudarle
y quedarse con su Rey!

Hipólito — Filomena, ya me voy.

Aurelio — Infante, el cielo te guarde.

Hipólito — ¿Cuándo nos veremos?

Aurelio — Tarde

Hipólito — ¡Mármol quedo, fuego soy!

Aurelio — Mira no te hallen aquí.

Hipólito No es mi injuria tan dichosa.

Aurelio Pues yo guardaré a tu esposa.

Hipólito Ya está más segura así.

Aurelio Pues temor mío, esperanza.

Hipólito Pues deshonra mía, enojos.

Aurelio Lágrimas, cansados ojos.

Hipólito Venganza, cielos, venganza.

Fin de la segunda jornada

Jornada tercera

(Salen Progne y Libia.)

Libia

Deja, Señora, el rigor
de tu pena y tu desvelo,
que el llanto es todo consuelo,
y todo le haces dolor;
¿lloras de celos o amor?
este efecto que en ti veo,
que estoy sintiendo, no creo
que nace a un tiempo y espira;
dime, ¿es fuego de tu ira,
o es ardor de tu deseo?

Progne

Este mal que en mis desvelos
violento el alma ha sentido,
es achaque de un olvido
con accidentes de celos;
quejas les doy a los cielos,
y a mi dolor doy la palma;
estos que en suspensa calma
exhalo tibios despojos,
no lágrimas de los ojos,
trasudores son del alma.
Libia, yo te quiero bien,
contigo he de consolarme,
por ver si con referirlas
pueden mis penas templarse;
el rey Tereo, mi esposo,
no rey de las voluntades,
muy dueño de su albedrío,
muy marido, y poco amante,
habrá tres años y más

(pero déjame que extrañe,
cuando los lloro por siglos,
contar por años mis males),
que se desposó conmigo
en el reino de mi padre,
siendo un poder instrumento
para unir lazos iguales.
Viome, extrañó mi hermosura;
mirele, empezó a agradarme;
hablele, admirele esquivo;
finjiome, hallele mudable;
vio a mi hermana, es muy hermosa,
adorola por instantes,
porque una ajena hermosura
la hace el deseo más grande
esquiva la halló a sus ruegos,
a mí sus iras afable,
ve que soy su esposa yo,
que es Filomena mi sangre,
y ciego al mayor delito,
sordo a las dificultades,
(como es pasión de los hombres
picarse de los desaires
y recompensar a un tiempo
las finezas con ultrajes)
con ser yo quien le adoraba
y ella quien quiso olvidarle,
la buscó como imposible,
y me olvidó como fácil.
Venimos a Tracia (¡ah cielos,
nunca el viento favorable
del trinquete y la mesana
rigiera el blanco velamen!),
y en ella una noche el Rey,

ya sin poder refrenarse
de su delito, eligiendo
a la sombra por imagen,
solicitó (estaba ciego)
con mi hermana (no fue amante),
que no sabe violentar
el que amar dispuesto sabe:
entre flores del silencio
oculta disimularse,
para inficionar su fama,
mal intencionado áspid.
Librose mi hermana, y yo,
rompiendo dificultades,
la aconsejo que a su reino
se retire con mi padre.
Mi amor templa el imposible,
a mis celos su fe aplaude,
siendo esta la vez que celos
permitieron lisonjearse.
Y, en fin, una oscura noche,
que a la estrella que la aplaude
la halló para el daño fija,
y anduvo a buscarla errante,
salió a recibir su esposo
por la cristalina margen,
que con pólvora de plata
esas dos montañas bate.
Cuatro meses ha, que ausente
lloro, sin saber quejarme,
lágrimas que de mis ojos
por mi rostro al labio parten;
y como entran por la boca
de mis penas al mar grande,
y de este mar de mi pecho

son los ojos manantiales,
saliendo otra vez por ellos,
a un tiempo mueren y nacen,
en perlas al proceder,
y al fallecer en corales;
Filomena no parece,
de Hipólito no se sabe;
no sé si a su reino huyeron,
ni sé tampoco en qué parte
pueden haberse ocultado;
solo sé, que al preguntarles
a los criados del Rey
si de Filomena saben,
aun callando con la voz
lo dicen con el semblante.
Alguna desdicha temo,
que a quien infelice nace,
las que entraron en sospechas
no saldrán sin ser verdades.
El Rey, mi esposo, estos días
quejas repite a los aires,
y en la mano de su ira
el cetro por asta blande;
quéjase para consigo,
sin dejar comunicarse,
cuantos consagra a sus iras
son sacrificios mentales.
Divertido muchas veces,
y pocas veces constante,
hace como que me quiere,
sin querer hacer lo que hace:
si quiere fingir conmigo
me finge de tan mal arte,
que aquello que es aplaudirme

sirve más para enojarme.
Y en fin...

Libia — Detente, Señora.

Progne — ¿Por qué, Libia?

Libia — Que el Rey sale.

Progne — Vete, pues.

Libia — Ya me retiro.

Progne — A este lado he de apartarme.

(Salen el Rey, Chilindrón y Aurelio.)

Rey — Déjame tú.

Chilindrón — Ya te dejo.

Rey — Y vos, Aurelio, dejadme.

Aurelio — Ya le dejo a vuestra Alteza.

Rey — ¿No os vais?

Chilindrón — No me voy.

Aurelio — Pesares,
no os quisiera tan piadosos,
ya que me rendís, matadme.

(Vase.)

Rey ¿No os digo que me dejéis?

Chilindrón No, Señor, antes mandaste
que no me fuese.

Rey Mentís.

Chilindrón Hablé por boca de sastre.

(Vase.)

Rey ¿Soy el primero en el mundo,
que sacrílego profane
del templo del Dios vendado
imaginarios altares?
¿Tan gran delito es en mí
ser activo siendo amante?
¿Qué circunstancia un error
a la Majestad añade,
que el que en el vasallo es leve,
en el rey viene a ser grave?
pero esto ya lo conozco:
la nube, que al viento nace,
mancha que cuajó la tierra,
porque al Sol rubio le empañe,
cuando en la falda de un monte
a empapar las flores yace,
no extraña que al monte ofenda,
y admira que al Sol agravie;
y es, que al Sol cualquiera sombra,
cualquiera niebla es bastante
para hacerle que no luzca,
por ser rey de astros brillantes;

pero a la tierra no importa
que oscuras nieblas la manchen,
porque ella es poco elemento,
y el Sol es planeta grande.
El rey es Sol de la tierra,
los vasallos son capaces
de padecer yerros viles
que en el rey fueran más graves;
en él se ven como a Sol,
aquí entre sombras se esparcen,
allá entre luces se admiran;
luego son más disculpables
errores que hace un vasallo
que delitos que un rey hace.
¡Que conociendo mi mal
no sepa yo remediarle!
¡Que hallase camino al yerro,
y a la enmienda no le halle!
y este amor, que ya venciendo
por segundas causas arde,
ya no es llama de mi fuego,
rebeldía es de mi sangre.
¡Que Progne me esté adorando,
y yo obstinado a mis males,
cuanto me ofrece en finezas,
en viles despegos pague!
¡Que no olvide a Filomena,
y que en Tracia no la halle
buscándola! ¿Quién vio a alguno,
que al sino que quiere agravie?
el oro, pues, de mi fe,
o se acendre o se quilate
en su pecho, que es adonde
se acrisolan voluntades;

Progne en mi memoria viva.

(Vuelve la cara, y halla Progne.)

Progne

El cielo, Señor, te guarde,
para que, como en el alma,
en los albedríos mandes.

Rey

Escúcheme vuestro Alteza.

Progne

Ya vi salir de la cárcel
de tu pecho a tu dolor,
y con silencio cobarde,
temiendo como infeliz,
dudándote como fácil,
mientras duraba ese afecto,
que en ti suele ser mudable,
como es manjar de mi amor
ese incendio que repartes,
a mi deseo mandé
que con tu voz se regale.

Rey

Sabe el cielo, Progne hermosa,
que sois la divina imagen
donde mi veneración
postrada obediente yace.

Progne

Aunque ese amor que tenéis
no se eternice durable,
agradeceros deseo
que deseéis siquiera amarme;
para las tristezas mías
fue antídoto saludable
vuestro deseo, que, en fin,

aunque el mérito os engañe,
el que entra a ser deseoso
puede ser mañana amante.

Rey — Pues ¿de qué es vuestra tristeza?

Progne — Filomena ha sido parte
de mi cuidado en su ausencia,
de su pérdida en mis males,
supuesto que no la hallan,
ya en ríos, o ya en volcanes,
lágrimas que cristal cobra,
suspiros que guarda el aire.

Rey (Aparte.) — (¡Ay, de mí! que con el nombre
vuelvo otra vez a abrasarme,
pues de la herida del alma
se ha refrescado la sangre.)
Unos pastores dijeron,
que con mi hermano y su amante
fugitivos por el monte
se huyeron, y el cielo sabe
que a encontrar quien me ofendió
con celos para mi ultraje,
átomos le hiciera leves;
pero mis temeridades,
encontrando a Filomena...

Progne — En fin, Señor, ¿la encontraste?
y ¿dónde está Filomena?

Rey (Aparte.) — Yo no la he visto. (Pesares,
¿no se librará mi voz
de mis penas inmortales?

mi amor, mi voz, mis oídos,
todos están incapaces.)

Progne (Aparte.) (Subió mi agravio a su lengua,
su rigor hizo el examen,
porque la lengua de un rey
es centro de las verdades.)

Rey (Aparte.) (Pues no fingir, sentimientos.)

Progne (Aparte.) (Pues lágrimas, anegadme.)

Rey (Aparte.) (Vístase mi voz de injurias
no mi dolor de disfraces.)

Progne (Aparte.) (Los suspiros que reprimo,
¿a qué esperan, que no salen,
fuego elemental que sube
a inventar región más grave?)

Rey (Aparte.) (A Filomena no olvido;
arda, pues, inexpugnable
este incendio, porque al viento
con nueva forma se cuaje.)

Progne (Aparte.) (Que si encontró a Filomena,
siendo cruel, aunque amante,
claro está; mas no es posible,
aunque mi estrella lo allane,
que con todo su deseo
toda su deidad profane.)

Rey (Aparte.) (Voyme, pues...)

Progne (Aparte.) (Yo me retiro...)

Rey (Aparte.) (A buscar las soledades
a mi pena.)

Progne (Aparte.) (A que mi indicio
este agravio desentrañe.)

Rey (Aparte.) (Y al cielo constante juro
que si otra vez la encontrase...)

Progne (Aparte.) (Y a los dioses doy palabra,
que si hay ofensa en mi sangre...)

Rey (Aparte.) (Segunda vez, callar quiero.)

Progne (Aparte.) (Con su acero... pero callen
mis venganzas.)

Rey (Aparte.) (Yo me voy.)

Progne (Aparte.) (¡Ah! ¡Quién pudiera apartarse
de sí misma!)

Rey (Aparte.) (¡Quién pudiera
templar mis ansias mortales!)
Guarde el cielo a vuestra Alteza,
Progne hermosa.

Progne El cielo os guarde.

(Vanse.)

(Sale Filomena vestida de pieles, y una daga desnuda.)

Filomena

Muere, indómito bruto coronado
en la verde república del prado;
muere de aquesta suerte;
porque eres rey, no más, te doy la muerte.
Si desde Albania, fugitiva fiera,
de Tracia te viniste a la ribera,
porque el sueño te engaña
que tu enemigo corre a la campaña,
aquel pino que mira ese horizonte,
que es rey vegetativo de este monte,
postrarlo presto espero
al arrojado tilo de mi acero,
y deshojar esperen mis rigores
al clavel, porque es rey entre las flores,
sanó mi lengua, tiene voz mi labio,
y está obrando la herida del agravio;
pues fáltele a mi luz la luz del día,
y el luminar mayor la niebla fría
ferie a la luz del Sol comunicada,
embotado halle el filo de mi espada,
hollando al ofensor, pues, de mi agravio,
mi voz se anegue entre mi lengua y labio;
esta fuente serena
brote cristal, y se transforme arena.
Siegue la yerba el Sol que mece el viento,
mis iras sirvan para mi alimento,
nunca llegue a colmarse mi esperanza
si del Rey no tomare la venganza,
tan satisfechas mis temeridades.
Que a mi ejemplo se imiten las crueldades.
Dos años ha, que sola en este monte
me averiguan las luces de Faetonte,
apenas escondida en la aspereza,

y de un roble en la rústica corteza
resista el valor mío
las inclemencias del invierno frío;
ya mi amor de ser ciego es lince sabio,
ya todo mi cuidado es de mi agravio;
cielos, pues os movéis con tal mudanza
infundidme la estrella de venganza;
fiera soy vuestra, montes vigilantes,
y a mis penas igualo los instantes.
Alma me falta, pues me falta honra:
(¡cómo gasta la vida la deshonra!)
o si al guardado agravio que consiento
sirviera de polilla al pensamiento,
para que en la custodia de mis venas
me royera la tela de mis penas
el aire, el ave, y el cristal sonoro,
todos hallan venganza, y yo la ignoro.
Aquel monte, que primero
sufrió al año ofensas mil,
ya le desagravia Abril
de las injurias de Enero;
del ave el curso ligero
halló su consorte igual,
y el fugitivo cristal
halló el centro a su corriente;
pero mi mal solamente
se descuenta con mi mal.
Clicie, que al Sol enamora,
si con ingrato arrebol
suele marchitarla el Sol,
la reverdece la aurora;
nube que el reflejo dora,
aunque vierta su cristal,
la entrega nuevo caudal

aquel vapor diligente;
pero mi mal solamente
se descuenta con mi mal.
Reina la rosa divina
del clavel y de la flor,
para manos de rigor
conserva arqueros de espina;
yedra allí, al riesgo vecina,
no encuentra consorte igual,
y con amor natural
la abraza el olmo prudente;
pero mi mal solamente
se descuenta con mi mal.

(Tocan cajas a marchar dentro.)

Arminio... pero el oído me ha engañado,
o el pino hiere al parche remendado,
que es mi deshonra infiero,
que anda juntando fuerzas a mi acero.
Lejos el son se proporciona sabio:
¡qué bien suena esta música a mi agravio!
parece que ha cesado;
(Cesa.) ¡si mi deseo acaso me ha engañado,
y viendo la venganza
se revistió mi oído en la esperanza!
¿Ilusión es, que quien en esta tierra
los indicios marciales de la guerra
puede haber irritado,
si no los acaudilla mi cuidado?
dejar quiero el recelo,
y quiérome volver al desconsuelo.
A la noche sigue el día,
la calma a la tempestad,

al viento serenidad,
vence el Sol la niebla fría;
a la pena el alegría,
el desengaño al encanto;
al llanto el suave canto,
sigue el olvido al amor;
y solo de mi dolor
es consecuencia mi llanto.
Sanidad goza también
el accidente mortal;
cualquiera pensión de un mal
tiene el desquite de mi bien;
de la adversidad no hay quien
vencer no acierte el encanto,
deshonra hay, que cesa en tanto
que se procura un rigor,
y solo de mi dolor
es consecuencia mi llanto.

(Tocan en otra parte.) No hay bien alguno; pero a aqueste lado
segunda vez el parche se ha quejado,
y tan cerca los golpes he sentido
que mi voz no es capaz para mi oído.

(Tocan en dos partes.)

A estotro lado penetrarme aguardo
en la aspereza de este monte pardo;
pero a estotra también nuevos acentos
la raridad asustan de los vientos.
Por dos distintas partes
bélicos instrumentos, y estandartes
entoldan la región del aire vano;
pero en el hueco deste roble cano
retirarme procuro,

de su corteza hacer pretendo muro,
iras de mis enojos,
y solo del corriente de mis ojos.

(Escóndese detrás del roble, y salen Hipólito y Pandrón, cada uno por su puerta, vestidos de luto.)

Hipólito

Aquí en este monte fue,
aquí fue, Señor, aquí,
el espectáculo triste
de mi tragedia infeliz.
Esta es la Tracia, Pandrón,
y oculto te traigo a ti,
para que de tu venganza
tomes el felice fin,
por holladas sendas, no,
por ásperos montes, sí;
sentidos no hemos de ser
del viento apenas sutil:
tanto como el valor propio
es necesario el ardid;
disimulado se queje
el atambor y el clarín.
Ya en Tracia, desembarcaste
para tan honrosa lid
con cuarenta llaves tuyas,
atenienses veinte mil.
De repente los cojamos
disimulados así,
porque a un mismo tiempo sea
el vencer y el embestir.
Por la muerte de mi honor
funesto luto vestí,
y hicieron nocturnas aves

honras a mi fama allí.
Aquí deshojó Tereo
la flor del mejor jardín,
y de su purpúrea sangre
cobró ese arroyo matiz.
En el padrón de esa arena
yo propio la vi escribir
letras, que desde los ojos
al corazón traducí.
De aquel ignorado monte
en la rústica cerviz,
con mi fuego elemental
el material encendí.
Allí... pero ya lo sabes.

Pandrón

Calla, Hipólito (¡ay de mí!)
y bástele a mi desdicha,
que tan gran deshonra oí,
sin que para el llanto mío
lo vuelvas a repetir.
El cristal de esos arroyos
reducir cuido en carmín,
y en el río de su sangre
(Jordán de humor más sutil),
de mis decrépitas canas
remozar pienso el jazmín.
Muera Tereo, mas solo
una desdicha temí;
que Progne, mi amada hija,
(lágrimas ¿a qué venís?)
ha de ser despojo infame
del cruel Tereo, si
no la hurtamos a la saña
de su impiedad.

Hipólito — Más feliz
nos ha de ayudar la estrella,
que agravios sabe influir;
ya he enviado a llamar a Aurelio,
mi tío, para ese fin,
con una secreta espía
que será nuestro adalid
que nos guíe, y que le avise,
para que te pueda oír
del palacio, y desde entonces
de uno y otro rebellín,
que a los embates del cierzo
ha sabido resistir,
tal incendio he de forjar,
que a un tiempo cuido afligir
al cielo con fuego noble,
y al Sol con ceniza vil.
¡Ásperos montes de Tracia,
que a Filomena encubrís,
si está Filomena viva!
¡Si vive mi prenda!

Filomena (Dentro.) — Sí.

Hipólito — El eco me ha respondido,
volver quiero a permitir
la voz a mi lengua muda,
yo vuelvo a hablar.

Pandrón — ¡Ay de mí!
que por consolar a Progne,
a Filomena perdí.

Hipólito ¿Veré yo a mi esposa?

Filomena (Dentro.) No.

Hipólito Eco del monte gentil,
¿para qué me das consuelos,
si has de volverme a afligir?
¿Dime si podré encontrarla,
ya que respondes así,
con venganza?

Filomena (Dentro.) Con venganza.

Hipólito Ahora sí que te creí,
la verdad vive en los montes;
no quede rubio pensil,
a quien Mayo, rey del año,
bordó de rosa y jazmín,
que cárdeno de mis iras
no se reduzca a alhelí.
Venganza, al arma, venganza.

Filomena (Dentro.) Venganza, al arma, venganza.

Hipólito Montes, eso sí, eso sí,
en mi venganza y mi agravio
la indignación revestid.

Pandrón Si no me engaña la vista,
miro un anciano venir
desde aquel monte a este llano.

Hipólito Aurelio es, llégate aquí.

(Sale Aurelio.)

Aurelio — Yo soy, Aurelio, yo soy.
Discreta, y piadosa vid,
abraza el olmo caduco,
que cortejó tanto Abril;
dame los pies, ¡oh Pandrón!

Pandrón — Porque descansara así,
los brazos del alma mía
te quisiera prevenir.

Hipólito — ¿Hallote el criado?

Aurelio — Hallome.

Hipólito — ¿Recibiste el papel?

Aurelio — Sí.

Hipólito — ¿Súpolo el Rey?

Aurelio — No lo supo.

Hipólito — ¿Te ha visto alguno partir?

Aurelio — No me ha visto.

Pandrón — ¿Progne es viva?

Aurelio — Desquitarla a un tiempo vi
a la pensión del llorar
el desvelo del vivir.

Hipólito ¿Y Filomena?

Aurelio No sé.

Hipólito ¿Pues cómo?

Pandrón Muerte, venid.

Aurelio No ha parecido en el monte.

Hipólito ¿Y Tereo?

Aurelio Está de aquí...

Hipólito ¿Dónde?

Aurelio Una legua.

Hipólito ¿En la quinta
del bosque?

Aurelio Dejéle allí;
¿Y a qué me llamas?

Hipólito Escucha.
No eres...

Aurelio Puedes proseguir.

Hipólito El que fue...

Aurelio ¿En qué te detienes?

Hipólito ¿Mi amigo?

Aurelio — Siempre lo fui.

Hipólito — ¿No eres leal?

Aurelio — Soy tu sangre.

Hipólito — Pues oye mi intento.

Aurelio — Di.

Hipólito — Mi agravio intento vengar.

Aurelio — ¿De qué manera ha de ser?

Hipólito — De ti me vengo a valer.

Aurelio — ¿Cómo?

Hipólito — Tú me has de ayudar.

Aurelio — ¿Contra quién?

Hipólito — Contra mi hermano.

Aurelio — Esa fuera deslealtad.

Hipólito — ¿No es primero mi amistad?

Aurelio — No es primero.

Hipólito — Pues en vano
a este monte te llamé.

Aurelio Tu noble intento has errado.

Hipólito ¿Tú no me has aconsejado
aquesta guerra?

Aurelio Así fue.

Hipólito ¿Pues cómo intentas negar
lo que tu labio irritó?

Aurelio Sí, mas no te dije yo
que te había de ayudar.

Pandrón Si en tu amor, como en mi espejo,
se vio tu verdad desnuda,
aquel suele dar la ayuda,
que suele dar el consejo.

Aurelio Cuando a ser leal me obligo
en otra opuesta balanza,
aconsejo la venganza,
pero no ayudo al castigo.

Hipólito ¿Sigues a mi hermano? Di.

Aurelio Es justa y debida ley.

Pandrón ¿Por qué?

Aurelio Ha nacido mi Rey.

Hipólito ¿Luego has de ser contra mí?
esa ingratitud no creo.

Pandrón La ira indigno irritada.

Aurelio Sí, lo seré con la espada,
pero no con el deseo;
y así, por darte más gloria,
le pienso servir de suerte
que me entraré por la muerte
porque alcances la victoria.

Hipólito Tengo razón, con que quedo
excediendo a tu verdad.

Pandrón Sigue mi parcialidad,
pues tengo razón.

Aurelio No puedo,
que no me toca, mirad,
saber, viendo su pasión,
si tenéis o no razón,
sino que tengo lealtad.

Hipólito A Progne pienso librar
con tu valor, nuevo Marte.

Aurelio Yo bien quisiera ayudarte,
mas no te puedo ayudar,
y antes de tu indignación
se obligará mi amistad,
que esta fuera deslealtad,
y esotra fuera traición.

Hipólito Pues vuélvete.

Aurelio Ya me vuelvo.

Pandrón — Pues déjame.

Aurelio — Ya me voy.

Hipólito — ¡Nací infeliz!

Pandrón — ¡Muerto soy!

Hipólito — ¿No te vas?

Aurelio — Eso resuelvo;
pero ya no he de poder.

Hipólito — Pues vuelve a estimar mi amor.

Aurelio — Digo... ¡qué grave dolor!

Hipólito — ¿Me ayudas?

Aurelio — No puede ser.

Hipólito — Pues vete.

Aurelio — Mas ¿en qué dudo?
digo... mas voy a morir.

(Vase.)

(Sale Filomena.)

Filomena — Ya no lo puedo sufrir;
no importa, que yo os ayudo,
muera el traidor.

Pandrón ¡Hija mía!

Filomena Y a mis manos...

Hipólito ¡Filomena!

Filomena Con tu acero...

Pandrón ¡Qué gran pena!

Filomena Procuraré...

Hipólito ¡Qué osadía!

Filomena Vengarte.

Hipólito ¿A dónde has estado?

Filomena Porque el mundo...

Pandrón ¡Feliz suerte!

Filomena Vea...

Hipólito ¡Qué vida y qué muerte!

Filomena Que mi ira...

Pandrón ¡Soy desdichado!

Filomena Mas ¿cómo a los dos he hablado?
¿Cómo (contra mi dolor)
dejo ver mi deshonor

sin haberle yo vengado?
adiós, padre. Adiós, esposo.

(Vase a dentro hablándolos.)

Pandrón Espera.

Filomena No me sigáis.

Hipólito Advierte...

Filomena Al viento llamáis.

Hipólito ¿Por qué te vas?

Filomena Es forzoso.

Hipólito Seguirte importa a mi amor.

Filomena Esto a mi honor.

Hipólito Tras ti iré,

Pandrón Pues no la sigas.

Hipólito ¿Por qué?

Pandrón Dice que importa a su honor.

Hipólito Ya la dejo, no la sigo.

Pandrón Venga a mi vida la muerte;
hija, ¿cuándo podré verle?

Filomena — En matando a mi enemigo.

Hipólito — Pues a mayores enojos
irritemos la osadía.

Pandrón — ¡Ay, hija del alma mía!

Hipólito — ¡Ay, esposa de mis ojos!

(Vanse.)

(Sale Juanete con una escala, martillo, linterna y clavos, todo cubierto con la capa.)

Juanete — Desde que con los polvillos
de la purga de ruibarbo
me enjuagué todo mi cuerpo
como si yo fuera jarro,
ando con mis negras tripas,
con haber más de dos años,
como menudo de esquina
todo el cuerpo zabucado.
Sin duda alguna, señores,
los dulces eran pecados,
pues aún no los cometí,
cuando los hube purgado.
Bien me pueden graduar,
pues le probé al secretario
en esta Universidad
cursos por cien licenciados.
Limpio estoy, de todo dulce,
y con haberme ensuciado
el bazo mi golosina,
está como un oro el bazo.

Pensaba que era membrillo,
y echábale tantos tragos,
que de echárselos tan puros,
me vine a quedar aguado;
pero aquí me he de vengar,
o mal han de andar las manos;
el fiador pide la paga,
pues con la paga cumplamos.
El Rey ha venido al bosque
a divertir sus cuidados
con Progne, y Chilindroncino
me dirá disimulado:
daca la purga: mas yo,
callando, piedras apaño
él me engañó con un vidrio,
una servilleta, un jarro,
un panecillo, conserva,
y el purgativo ruibarbo:
pues ahora he de engañarle,
pues traigo otros tantos trastos,
que se verán a su tiempo.
Aquesta cisterna abro

(Abre la cisterna) que está dentro del jardín
de aquesta quinta o palacio.
Ya de burla: él me engañó
por goloso; pues yo trato
pegarle con la codicia:
desde allí me está acechando
con su tema; pero yo...

Chilindrón (Dentro.) Daca la purga.

Juanete Esto es malo;
mala purga te dé un

doctor de partido; callo,
soy yunque, quiero sufrir,
yo le daré en siendo mazo.
Él sale, quiero empezar;
saco la linterna, y hago
como que miro a la cueva.

(Sale Chilindrón hablándole.)

Chilindrón — Juanete, si no me engaño,
mirando está la cisterna
con una luz; yo le hablo.

Juanete (Aparte.) — (Él ya viene; que te clavas.)

Chilindrón — ¿Qué haces aquí?

(Hace que se turba Juanete.)

Juanete — Nada, hermano.

Chilindrón — ¿Qué es esto? ¿De qué se turba,
y qué trae aquí debajo?
dígamelo presto, acabe.
¿No lo enseña?

Juanete — Nada, hermano.

Chilindrón — Descúbrase.

Juanete — ¿Qué me quiere?

Chilindrón — Diga, ¿qué trae?

Juanete Esto traigo.

(Descúbrelo.)

Chilindrón ¿A qué prendimiento va
con una linterna y clavos,
un martillo y una escala?
¿Qué es aquesto?

Juanete Nada, hermano.
(Hace que se va.) Si tú callaras, amigo...

Chilindrón ¿Pues hay hombre más callado?

Juanete No es nada, quédese usted.

Chilindrón Mas que le doy seis mil palos
si no me dice su intento;
dígalo presto.

Juanete Hable paso,
porque si nos oyen dentro
somos perdidos.

Chilindrón Sepamos,
¿Qué es esto?

Juanete Yo lo diré.
Ya se acordará usted cuando
hizo el Rey a Filomena
aquello, que no está un paso
antes de él arrepentirse.

Chilindrón Ya lo entiendo.

Juanete Es, pues, el caso...

Chilindrón Acaba.

Juanete Que Filomena
traía... pero yo encargo
la conciencia, a Dios se quede.

(Quiere irse y detiénele.)

Chilindrón Vuelva, digo.

Juanete (Aparte.) (No va malo.)
Traía una joya puesta,
que vale diez mil ducados,
con unos diamantes fondos,
cada uno como un muchacho.
Pues ella, con la gran ira
de la injuria y del agravio...
Mas quédese usted con Dios.

(Hace que se va y detiénele.)

Chilindrón Hable, no sea cansado.

Juanete Arrojó todas sus joyas...

Chilindrón No se vaya tan despacio;
¿Dónde?

Juanete ¿Eres buen nadador?

Chilindrón Lo que es ser nadador bravo.

Juanete — En esta cisterna oscura,
que tiene de agua un estado;
ayer hallé a Filomena,
y ella a mí me lo ha contado;
y así, con los instrumentos
que ves, he determinado
bajar a sacar la joya;
si tú quieres que partamos,
con esta escala podremos.

Chilindrón — Traidor, infame, villano,
ladrón, suelta.

(Dale, y quítale todos los instrumentos.)

Juanete — Señor mío...

Chilindrón — Suelte, digo.

Juanete (Aparte.) — (Él se ha clavado.)

Chilindrón — Las joyas de Filomena
quiere hurtar el ladronazo;
vaya de aquí.

Juanete — Si haré.

Chilindrón (Dale.) — Tome, tome.

Juanete — Tomo y callo.

Chilindrón — Váyase.

Juanete — Siempre vusted
me hace ir por todos cabos.
Oye usted, no diga a nadie
esto que nos ha pasado,
porque de mi mal intento
yo, pecador, me retracto.

Chilindrón — Si no se va lo diré
a todos.

Juanete — Pues ya me parto.
Júpiter, Apolo y Venus
le guarden cuatro mil años.

(Vase.)

Chilindrón — Por Dios que le he de engañar,
lindamente ha sucedido;
ahora a se ha ido,
(Desnúdase.) yo me quiero desnudar.
Yo prevengo la linterna;
no fue la tracilla mala;
clavo en el suelo la escala,
y entrégome a la cisterna.
¿A qué esperan mis cuidados?
si es esta que arrojo aquí

(Clave la escala, y lleve la linterna.)

una joya que yo vi,
vale los diez mil ducados.
(Entra.) Entro, y no tengo temor;
a bajar mi intento empiece
un poquito honda parece,

para eso soy nadador.
No trocaré mi caudal
por el del Rey; bajo presto.
¡Qué bravo joyón es!

(Sale Juanete.)

Juanete — Esto,
no se va poniendo mal:
él va bajando, y yo quiero
darle ahora con mi traza;
parece peón de plaza,
que va a sacar un caldero.
Llegó al agua, alegre estoy,
tiro la escala en que estriba.

Chilindrón — ¿Quién tira la escala arriba?

Juanete — No es nadie, amigo, yo soy.

Chilindrón — ¿Qué quieres?

Juanete — Mis compasiones
te vuelven así a ayudar.

Chilindrón — La escala me vuelve a echar.

Juanete — Yo quiero echarte escalones.

(Saca una espuerta grande de piedras.)

Chilindrón — Pues ten de mí compasión,
porque me puedo anegar.

Juanete — Esto está como ha de estar;
servitor, seor Chilindrón:
¿Halló los diamantes finos?

Chilindrón — ¿Cómo, si en el suelo están?

Juanete — Diamantes no faltarán,
pero son algo cetrinos.
(Tírale una pedrada.) Que le di en la chola, oiga,
ahora su engaño purga;
(Tírale.) amigo, toma la purga;
amigo, daca la joya.

Chilindrón — ¡Que me ahogo! ¡Ay, de mí triste!

Juanete — Mi amor puedes alabar,
pues que yo te hago tragar,
(Tírale.) y tú destragar me hiciste;
pero hoy has de ver, en fin,
que te hago mayor alcance;
mucho le he hablado en romance,
quiérole hablar en latín.
(Tírale.) Accipe.

Chilindrón — Dime, ¿qué medras?
repara en que he de ahogarme,
y no tengo en qué afirmarme.

Juanete — Afirmarte en esas piedras.

Chilindrón — Acabose, di en el lazo;
mi culpa paga la pena.

Juanete — La joya de Filomena,

perro, traidor, ladronazo.

Chilindrón

Tu caridad y amistad
la escala llegue a ofrecer.

Juanete
(Tírale.)

La escala no puede ser,
mas tome la caridad.

Chilindrón

¿De tu amistad quién dirá
una crueldad semejante?

Juanete (Tírale.)

Ah, sí, tome este diamante,
que se me olvidaba acá.
Porque mi piedad infieras
ya te quiero perdonar,
yo te quiero repasar
ahora las faltriqueras.
Lienzo es este que he sacado
de dineros retraídos.
¡Oh que propio es de estreñidos
llevar el dinero atado!
Qué es esto saber quisiera;
dos sortijas de diamantes,
en jaboncillo, vinos guantes,
ítem una bigotera.
Voyme.

Chilindrón

A que arrojes espero
la escala.

Juanete

No puede ser;
harto me holgara querer,
pero por Dios que no quiero.
Ya yo quedo satisfecho

de cuanto llegué a verter,
ninguno podrá creer
la lástima que me ha hecho.

(Llévale los vestidos.)

Chilindrón

¿No te mueven mis razones?
Échame la escala, acaba.

Juanete

Ah, sí, que se me olvidaba,
la ropilla y los calzones.

Chilindrón

¡Posible es que no te obligas
viéndome desnudo así!
déjame salir de aquí.

Juanete

Ah, sí, el calzado y las ligas.
Ah, Chilindrón, ¿hace frío?
no importa, que invierno es.

Chilindrón

¡Qué tan riguroso estés!

Juanete

Dios te guarde, amigo mío.

(Vase.)

(Sale el Rey.)

Rey

Toda mi vida es temor,
pues todo hoy, sin descansar,
me levanto de un azar,
y tropiezo en un error.
En vez de aves lisonjeras
que son imán del sentido:

solo en los montes he oído
las nocturnas y agoreras
Con el pico riguroso,
por gran extrañeza allí,
simple a una tórtola vi
que dio la muerte a su esposo
o el Sol no quiere lucir,
o si luce, no le veo;
tengo hoy más tibio el deseo.

Chilindrón (Dentro.) ¡Ya cómo puedo vivir!

Rey Aquí amenaza mi vida
triste una voz irritada,
del aire bien ayudada,
del labio mal permitida.
¿En mi jardín, quién ha hablado,
para mi infelice suerte,
amenazando mi muerte?

Chilindrón (Dentro.) En efecto, te has vengado,

Rey Y esta es propia semejanza
que a mi grande injuria irrito,
que el que comete un delito,
siempre teme una venganza.
Esta voz sigo (¡ay de mí!)
porque intente mi crueldad.

(Sale Aurelio.)

Aurelio Señor, vuestra Majestad...

Rey Aurelio, ¿qué hacéis aquí?

Aurelio	Señor, véngote a contar, que hoy se trocó tu fortuna.
Rey	No me cuentes cosa alguna que pueda darme pesar.
Aurelio	Hipólito, que es tu hermano...
Rey	Que no le nombréis os digo.
Aurelio	Pandrón, el rey tu enemigo...
Rey	Dejadme: ¿en el viento vano oísteis aquí una voz de un sentimiento irritada, para el corazón pesada, para el oído veloz?
Aurelio	No, Señor; esto sabed.
Rey	¿No me dejaréis? Callad.
Aurelio	Yo cumplo con mi lealtad.
Chilindrón (Dentro.)	Subiré por la pared.
Aurelio (Aparte.)	(Cuando sus daños te digo la voz a mi aviso culpa, debe de ser que esta culpa le trae buscando el castigo: mañana le avisaré, quiérole ahora dejar.) Oíd, que os quiero contar.

(Sale Chilindrón de la cisterna lleno de agua, y bañado en sangre.)

Chilindrón

Gracias a Dios que llegué.
Tan mala la burla ha sido,
que me he pensado morir.
Mas yo me quiero vestir;
él se ha llevado el vestido.

(Asústase el Rey, y saca la daga, y déjala caer en el suelo.)

Rey

Hola, ¿qué es esto? esperad.
¿Qué sombra es esta o visión?
¿Quién es? ¿Quién es?

Chilindrón

Chilindrón; ¿no lo ve tu Majestad?

Rey

¡Que así mi dolor me inquiete!
¿Quién aquí os entró?

Chilindrón (Aparte.)

(Yo le hablo.)
Mi gran codicia, el diablo,
mi mal discurso y Juanete.

Rey

¿Qué codicia os ha obligado
a caer en yerro tal?

Chilindrón

Para eso es menester sal,
y yo estoy muy remojado
con vuestra licencia os dejo,
señor, para otra ocasión,
y os lo diré de salmón,
que ahora estoy de abadejo.

(Vase.)

Aurelio — La Reina sale también
al jardín.

Rey — ¡Yo estoy mortal
ella es el fin de mi mal
y el principio de mi bien!

(Salen Progne y Libia.)

Progne — Vuestra tristeza, Tereo,
me ha traído a divertiros.
(Aparte.) (Mal reprimidos suspiros,
no me digáis mi deseo.)
Traigo a Libia, porque en tanto
que se acuesta vuestra Alteza
suspenda tanta tristeza
con la suavidad del canto.

Rey — Dios os guarde, Progne bella.

Progne — Cantad.

Rey — ¡Oh grave dolor!
Este amor no es amor,
influjo es de alguna estrella.

(Canta Libia.)

Libia — De las venas de aquel monte,
rey que gobierna los riscos,
se desangra un arroyuelo
al mar, imán de los ríos.

Rey	Esas metáforas son
de un monte, y rey desangrado,
conmigo pienso que ha hablado
mudad de tono y canción.
Mas callad, que se ha ofendido
con vuestro canto mi vida.

(Duérmese Progne.) De las voces suspendida,
Progne hermosa se ha dormido:
idos, al mortal beleño
de la vida se ha entregado.
¡Qué feliz es su cuidado,
pues se halla bien con el sueño!

(Progne soñando.)

Progne	Filomena...

Rey	Ese es mi mal
pero mi mal es mayor,
que es natural ese amor,
y es mi amor accidental.
Irme quiero a recoger,
no la quiero recordar,
cuanto me presta en amar
la pago en aborrecer.
Culpa tu suerte trocada
en la desdicha forzosa,
pues no siendo muy hermosa
te hago yo muy desdichada.

(Vase.)

(Salta Filomena las tapias con la daga que le quitó a su esposo.)

Filomena Salté las tapias valiente,
y a la quinta me he venido,
y con mi industria y mi agravio
a mi ofensor solicito.
Hacia aquí ha de estar la sala
o el templo, en que mi enemigo
por la muerte de mi fama
pienso que se ha retraído.
Requerir quiero estas puertas;
este es el palacio indigno
donde mi inocente honor
padeció el mayor martirio.

Progne (Soñando.) Espera, Filomena...

(Despierta, y vense las dos.)

Filomena ¿Quién?

Progne ¿Mas, qué veo?

Filomena ¿Qué miro?

Progne ¿Filomena?

Filomena Hermana mía,
¿Tú aquí?

Progne ¿Cómo aquí has venido?

Filomena Trájome...

Progne Acaba.

Filomena Mi agravio.

Progne ¿Qué agravio?

Filomena ¿Le ignoras?

Progne Dilo.

Filomena Ya te acuerdas...

Progne Habla quedo.

Filomena De la noche...

Progne ¡Grave indicio!

Filomena Que salí...

Progne ¡Fuerte dolor!

Filomena De palacio...

Progne ¡Ay hado impío!

Filomena A buscar...

Progne ¡Grave recelo!

Filomena Por un papel...

Progne Fue el aviso.

Filomena A mi esposo...

Progne — Fue violencia.

Filomena — Por la seña...

Progne — Era preciso.

Filomena — Errele...

Progne — Eres desdichada.

Filomena — Y encontré...

Progne — Tu mal colijo.

Filomena — A tu esposo...

Progne — ¡Suerte airada!

Filomena — Intentó...

Progne — Dime el delito.

Filomena — Violar...

Progne — Aquí de mis ojos.

Filomena — A mi honor...

Progne — Habla.

Filomena — Prosigo:
escucha la circunstancia,
que luego oirás el delito.

Llegue al monte aplazado,
mas un monte se muda a un desdichado
de un monte huello la cerviz altiva,
muerto el honor y la esperanza viva,
suelto la voz del labio,
y ella fue la trompeta de mi agravio,
finge la voz Tereo,
y no reparó en voces mi deseo;
a sus lazos prevengo mis abrazos,
y nunca mas que entonces fueron lazos.
Era la noche oscura,
porque no se quejase mi ventura
con silencio el traidor disimulaba,
y pensé que de amante no me hablaba,
pues preciso se infiere,
que se habla menos cuando más se quiere.
Volví, pues, de mi engaño, volví tarde,
corrido el corazón ardió cobarde;
a lo verde de un monte me retiro,
siguiome por el rastro de un suspiro;
huyo, pues, más adentro,
era fuego su amor, era yo el centro;
animome, doy voces,
llevóselas el viento por veloces.
Ruégole que me deje; mas él, ciego,
hizo salsa a su amor del mismo ruego:
irrítase a mi voz, llamas respira
(que era amorque se pudo volver ira),
pierde alguna, no toda la esperanza
inclínase al afecto de venganza,
y con infame mengua
fija el acero en mi irritada lengua,
y mi sangre derrama,
que era apetito, y no era amor su llama.

Tropecé en una hiedra fugitiva,
que le ayudó también por ser lasciva;
irritarle intentaba mi paciencia,
impidiome la misma resistencia.

Progne

Calla, no prosigas más.
Por ese móvil primero
a cuyo curso se arrastran
esos inferiores velos,
que hoy ha de verse mi agravio
de mi impiedad satisfecho,
si no es que el cielo lo impida;
mas no ha de impedirlo el cielo;
tuyo es no más el agravio,
mío el agravio y desprecio;
a ti un honor te ha importado,
a mí un honor y unos celos;
a ti el amor de tu esposo,
a mí el amor que te tengo.
Pues amor, honor, venganza,
celos, agravio y desprecio,
con ese acero que aquí
se ha dejado, lavar pienso
con su sangre su delito,
mi injuria, mi honor y celos,
para que el nombre de Progne
se escriba en bronces eternos.

(Va a vengarse, y halla el acero que dejó Tereo.)

Filomena

Tente, que aquesta venganza
me toca a mí; pues no quedo
satisfecha de mi agravio,
si yo propia no te vengo.

Progne — También este agravio es mío.
Di, ¿cuando hace un adulterio
una mujer, no merece
la muerte?

Filomena — Ya lo confieso.

Progne — ¿Por qué?

Filomena — Porque va el honor
de su esposo.

Progne — Luego es cierto,
que si a mí me va el honor
tuyo, siendo mi honor mesmo,
con adulterio y agravio
incurro en el mismo duelo.
Luego con justa razón
cobrar ahora pretendo
de una muerte dos venganzas,
y de un castigo dos premios.

Filomena — Sí; pero vuelvo a decir
que no queda satisfecho
mi deshonor.

Progne — Ni tampoco,
aunque le des muerte, creo;
pues tu honor no es tuyo ahora,
sino de tu propio dueño
su acero le ha de vengar.

Filomena — Pues si ha ser con su acero,

este acero es de mi esposo,
y es el acero que un tiempo
fue la pluma de mi agravio;
y supuesto que le tengo,
yo quiero poner el brazo,
pues él pone el instrumento.

Progne

Pues venguémonos las dos
en un sacrílego pecho;
las dos somos agraviadas,
y obrando las dos, con esto
dos escrúpulos tan graves
satisfacemos a un tiempo.

Filomena

Pues yo tu consejo admito.

Progne

Pues yo tu valor apruebo.

Filomena

¡Muera el traidor!

Progne

De su sangre
se salpique rojo el suelo.

Filomena

Hoy una venganza aguardo...

Progne

Hoy una victoria espero...

Filomena

Para mi honor.

Progne

Para mi honra.

Filomena

Démosle pasos al riesgo.

Progne

Démosle iras al agravio.

Filomena	Y de su atrevido pecho...
Progne	Y de su sangre alevosa...
Filomena	Renglones de coral demos...
Progne	Demos líneas de carmín...
Las dos	A los mármoles eternos.
Progne	¡Muera mi tirano esposo!
Filomena	Muera el ingrato Tereo.

(Vanse.)

(Salen Hipólito, Pandrón y Aurelio, deteniendo a los dos.)

Aurelio	La puerta he de defender.
Pandrón	Déjanos pasar, Aurelio.
Aurelio	De aquí no intento apartarme.
Hipólito	Cobrar a Progne querernos, ya que la noche nos dio la oscuridad y el silencio; hemos de llevarla digo.
Aurelio	Como leal la defiendo.
Los dos (Dentro.)	Morirás.

Filomena (Dentro.)	¡Muere, traidor! ¡Muere, tirano soberbio!
Rey (Dentro.)	Espera, detente, Progne.
Pandrón	Tened, esperad; ¿qué es esto?
Progne (Dentro.)	Morirás.
Pandrón	El Rey se queja.
Rey (Dentro.)	Filomena, tú me has muerto.
Aurelio	Socorrer quiero a mi Rey.
Hipólito	Los dos a su cuarto entremos a tomar en él venganza.

(Salen Progne y Filomena.)

Las dos	No es menester; deteneos.
Pandrón	¿Quién eres?
Progne	Progne, tu hija.
Hipólito	¿Quién eres?
Filomena	Tu infeliz dueño.
Pandrón	¿Qué hiciste?
Progne	Vengar mí agravio.

Hipólito ¿Qué has hecho?

Filomena Vengar tus celos.

Pandrón ¿Cómo fue?

Progne Desta manera.

Hipólito ¿Di, cómo?

Filomena Mírale muerto.

(Descúbrese en una cama muerto Tereo.)

Pandrón ¡Gran valor!

Progne Nací tu hija.

Hipólito ¡Noble ira!

Filomena Llevo tu acero.

Hipólito ¿Pues qué es lo que ahora intentas?

Aurelio Ya solo ahora pretendo,
pues muerto es tu hermano el Rey,
que quedes por heredero:
rendirme puedo a esas plantas.

Hipólito Tus lealtades premiar debo.

Chilindrón ¿Nosotros cómo quedamos?

Juanete Pagados y satisfechos.

Pandrón Yo dichoso.

Progne Yo feliz.

Filomena Yo con honra.

Hipólito Yo con cetro.

Filomena Y vuestro perdón merezca,
si no mereciere el premio,
de Progne y de Filomena
esta fábula.

Juanete Y su dueño
se confiesa vuestro esclavo,
supuesto que para serlo
no ha menester más señal
que la de sus propios yerros.

Fin de la comedia

Libros a la carta

A la carta es un servicio especializado para
empresas,
librerías,
bibliotecas,
editoriales
y centros de enseñanza;
y permite confeccionar libros que, por su formato y concepción, sirven a los propósitos más específicos de estas instituciones.

Las empresas nos encargan ediciones personalizadas para marketing editorial o para regalos institucionales. Y los interesados solicitan, a título personal, ediciones antiguas, o no disponibles en el mercado; y las acompañan con notas y comentarios críticos.

Las ediciones tienen como apoyo un libro de estilo con todo tipo de referencias sobre los criterios de tratamiento tipográfico aplicados a nuestros libros que puede ser consultado en Linkgua-ediciones.com.

Linkgua edita por encargo diferentes versiones de una misma obra con distintos tratamientos ortotipográficos (actualizaciones de carácter divulgativo de un clásico, o versiones estrictamente fieles a la edición original de referencia).

Este servicio de ediciones a la carta le permitirá, si usted se dedica a la enseñanza, tener una forma de hacer pública su interpretación de un texto y, sobre una versión digitalizada «base», usted podrá introducir interpretaciones del texto fuente. Es un tópico que los profesores denuncien en clase los desmanes de una edición, o vayan comentando errores de interpretación de un texto y esta es una solución útil a esa necesidad del mundo académico.

Asimismo publicamos de manera sistemática, en un mismo catálogo, tesis doctorales y actas de congresos académicos, que son distribuidas a través de nuestra Web.

El servicio de «Libros a la carta» funciona de dos formas.

1. Tenemos un fondo de libros digitalizados que usted puede personalizar en tiradas de al menos cinco ejemplares. Estas personalizaciones pueden ser de todo tipo: añadir notas de clase para uso de un grupo de estudiantes, introducir logos corporativos para uso con fines de marketing empresarial, etc. etc.

2. Buscamos libros descatalogados de otras editoriales y los reeditamos en tiradas cortas a petición de un cliente.

www.ingramcontent.com/pod-product-compliance
Ingram Content Group UK Ltd.
Pitfield, Milton Keynes, MK11 3LW, UK
UKHW040316300826
14791UKWH00003B/933

9 788498 162363